AF607104

ESCUELAS EMOCIONALMENTE RESPONSABLES

Una guía para desarrollar planes de intervención en educación y gestión emocional

Luis Villa de León

Ilustraciones de Lucia Sarabia

ESCUELAS EMOCIONALMENTE RESPONSABLES

Una guía para desarrollar planes de intervención en educación y gestión emocional

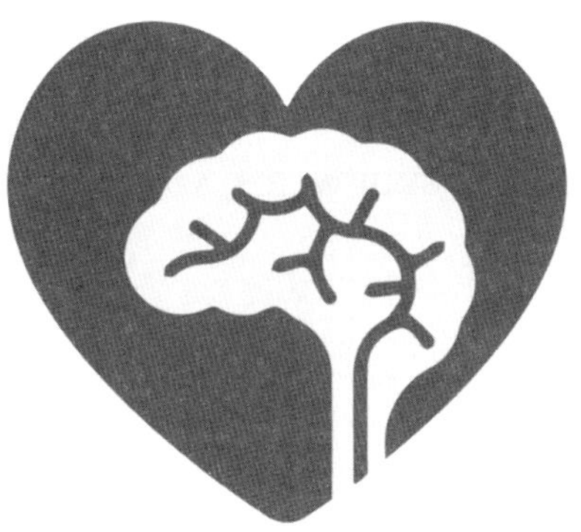

Desclée De Brouwer

© EDITORIAL DESCLÉE DE BROUWER S. A., 2026
Henao, 6 - 48009 Bilbao
www.edesclee.com
info@edesclee.com

Impreso en España
ISBN: 978-84-330-3976-7
Depósito Legal: BI-1512-2025
Impresión: Grafo S. A. - Basauri

Índice

Prólogo

Conocí a Luis Villa cuando cursó el Posgrado en Educación Emocional en la Universidad de Barcelona. Su nombre entero es Luis Efraín Villa de León y fundó "Creo Fomento Educativo Integral", que es la razón social de CREO Educación Integral. "*Emores*" es el nombre del modelo de inteligencia para los programas de mujeres y hombres emocionalmente responsables. Con estos antecedentes, me he animado a escribir estas líneas como prólogo de este libro y agradezco la invitación.

Vivimos en un mundo que cambia a un ritmo vertiginoso, donde los desafíos emocionales y sociales para la infancia y la juventud son de una complejidad que supera la capacidad habitual de afrontamiento que tienen a estas edades. En medio de estos cambios, las escuelas se han convertido en mucho más que lugares de aprendizaje académico. Son también entornos donde el estudiantado necesita reflexionar sobre aspectos personales como el autoconocimiento, autoestima, conciencia de las propias emociones, relacionarse satisfactoriamente con otras personas, regular la impulsividad, tolerar la frustración, prevenir la violencia, etc. Aquí surge la importancia de una "Escuela Emocionalmente Responsable", un concepto que invita a repensar la educación como un espacio seguro, consciente y abierto a la formación de ciudadanos emocionalmente competentes.

Escuelas Emocionalmente Responsables equivale a decir "escuelas con educación emocional", "escuelas con inteligencia emocional", "escuelas con competencias emocionales". Donde decimos emocional, podríamos decir igualmente socioemocional o social y emocional. Es decir, hay distintas denominaciones para referirnos prácticamente a lo mismo. Independientemente de la denominación que se utilice, en el fondo estamos hablando prácticamente de lo mismo. En todo caso podrán variar los modelos y las propuestas concretas de intervención.

Este libro nace de una convicción profunda: **las competencias emocionales son tan importantes como las competencias académicas.** Por esto, las instituciones educativas deben asumir un rol activo en su desarrollo. Ser una "Escuela Emocionalmente Responsable" significa fomentar un ambiente en el que cada estudiante pueda explorar sus emociones, aprender a manejarlas de forma saludable y desarrollar una base sólida para sus relaciones y bienestar. No se trata solo de enseñar habilidades, sino de crear un espacio donde se pueda experimentar, equivocarse y crecer emocionalmente sin temor al juicio o al rechazo.

En estas páginas, se exploran tanto los fundamentos teóricos como las prácticas concretas que pueden implementarse para hacer de las escuelas entornos emocionalmente saludables. Se abordan estrategias para construir climas escolares positivos, actividades para fomentar la empatía y la resiliencia y herramientas para ayudar a los estudiantes a lidiar con el estrés y la ansiedad. Al hacerlo, **este libro invita a los educadores, padres y líderes escolares a reflexionar sobre su rol como guías emocionales** y a considerar el impacto duradero que pueden tener en la vida de sus estudiantes.

En el primer capítulo se aborda el concepto de educación emocional, que se ha ampliado en el segundo con sus principales modelos, de donde se deriva el modelo "emores", formado por un conjunto de metacompetencias intrapersonales e interpersonales explicado en el tercer capítulo.

En el capítulo cuarto se presenta el diseño de planes de intervención para escuelas y grupos escolares. Como corresponde, se trata del análisis del contexto para la detección de necesidades de aprendizaje emocional. Con base en esto, se planifica un plan de intervención, del cual se presentan los aspectos esenciales.

En los capítulos quinto, sexto y séptimo se presentan un conjunto de actividades de apoyo a la gestión emocional desde diversos aspectos: gestión emocional intrapersonal, interpersonal y dominios emocionales. Entre otras, se aborda autoconocimiento, autoestima, autorregulación, autoconfianza, autonomía de pensamiento, automotivación, autogestión, autodeterminación, autorrealización, autotrascendencia, empatía, asertividad, comunicación efectiva, responsabilidad, interdependencia y solidaridad, además de dominios como: distinciones emocionales, conciencia emocional, gestión emocional, autonomía emocional y responsabilidad social, etc.

Del epílogo quisiera destacar que la educación emocional va dirigida a toda la comunidad educativa (profesorado, alumnado, familias). Por otra parte, la educación emocional trasciende las cuatro paredes de un aula y, por lo tanto, debería estar presente en el patio, escaleras, pasillos, aseos, comedor, biblioteca, calle, hogar, etc. Es decir, con la educación emocional, no se trata de que los estudiantes memoricen unas competencias, sino que las pongan en práctica las 24 horas del día.

Una escuela emocionalmente responsable no solo forma estudiantes preparados para los desafíos académicos, sino ciudadanos preparados para enfrentar el mundo con integridad, empatía, autoconciencia.

Rafael Bisquerra
Presidente de la RIEEB
(Red Internacional de Educación Emocional y Bienestar, rieeb.com).

Introducción

El éxito en nuestra vida depende en gran medida de nuestra salud emocional, y esta, a su vez, es una suma multifactorial de condiciones físicas, neurológicas, de formas de crianza y de las relaciones interpersonales que hemos tenido a lo largo de nuestra vida. Nuestro carácter se construye sobre nuestro temperamento y se nutre día a día, de todo tipo de experiencias sensoriales. Si damos una mirada atrás y analizamos la forma en que fuimos tratados por nuestros padres, familiares y maestros, encontraremos respuestas no solo a nuestros traumas, sino a nuestra forma de vivir y la manera en la que gestionamos nuestras emociones.

El camino hacia la elaboración de este Plan de Intervención para la Gestión Emocional en alumnos de la Educación Básica ha sido un apasionante recorrido de aprendizajes y profundas reflexiones. Lo que comenzó como un proyecto académico en el Posgrado en Educación Emocional y Bienestar (PEEB) de la Universidad de Barcelona en 2017-2018, se fue ampliando para dar como resultado este libro de apoyo para docentes. La visión inicial fue identificar las herramientas necesarias para el bienestar emocional de los alumnos en preescolar, primaria y secundaria, creando un puente entre la teoría y la práctica educativa.

Este trabajo no solo ha requerido de horas de investigación y diseño metodológico, sino también un proceso de inmersión en las realidades cotidianas de los alumnos y docentes a los que entrevisté para entender sus desafíos emocionales y las estrategias más efectivas para abordarlos. Cada capítulo refleja este compromiso con el bienestar emocional de los estudiantes y con la creación de espacios educativos donde las emociones se reconocen, se gestionan y se valoran como parte integral del proceso formativo. El resultado final es un plan que no solo busca transformar el aula, sino también contribuir a una sociedad más empática, resiliente y consciente del papel vital que juega la educación emocional en el desarrollo de individuos emocionalmente responsables.

¿Qué recuerdos tienes sobre cómo te trataron tus maestros o profesores durante tu infancia? Sin duda, algunos han dejado profundas huellas emocionales tanto positivas como negativas. La pregunta es ***¿Cómo podemos dejar en nuestro alumnado huellas positivas que contribuyan a su bienestar, y que los impulsen a ser mejores personas y a vivir una vida emocionalmente responsable?*** El gran compromiso no es solo cómo podemos ayudar a nuestros alumnos a aprender conceptos de Inteligencia Emocional, sino cómo podemos apoyarlos a desarrollar competencias de autogestión.

Como educador he visto la importancia de construir un enfoque centrado en el alumno, donde la empatía, la autenticidad y la aceptación incondicional son tres pilares fundamentales para crear un ambiente de aprendizaje propicio a nivel básico. *"El único conocimiento que puede influir realmente en el comportamiento de un estudiante es el que descubre por sí mismo"* (Rogers, 1961, p. 276). Este principio es clave para el desarrollo de programas de gestión emocional, puesto que permite a los estudiantes explorar y comprender sus emociones dentro de un entorno seguro y de apoyo que podemos crear dentro del aula.

En nuestra realidad posmoderna, donde los desafíos emocionales y sociales son cada vez más complejos por la creencia de una "naturaleza" individualista del ser, la implementación de programas de gestión emocional en la educación básica responde a la necesidad de formar estudiantes capaces de enfrentarse a un entorno que precisa de cultivar relaciones personales con conexiones profundas y basadas en la responsabilidad emocional.

Uno de mis maestros, el Dr. Rafael Bisquerra (2009) destaca que la educación emocional es un proceso educativo continuo y permanente, y que es complemento indispensable del desarrollo cognitivo, por lo que ambos (emociones y cognición) son parte integral del proyecto de vida de cada alumno al que tengamos el privilegio de acompañar.

Sin duda, la salud mental de nuestros estudiantes es una de las necesidades fundamentales que tenemos como docentes del siglo XXI. Estudios han demostrado un aumento considerable en los índices de ansiedad, depresión y estrés entre los jóvenes. Según la Organización Mundial de la Salud (2018), el 20 % de los adolescentes experimentan problemas de salud mental, lo que afecta directamente su capacidad para aprender y relacionarse. Si desarrollamos competencias emocionales en el aula de forma permanente, como la autorregulación, la empatía y el manejo del estrés, los alumnos podrán afrontar los retos académicos y personales con mayor efectividad.

Otro de los grandes retos, al tiempo que somos facilitadores de la educación emocional, es que esta Inteligencia Emocional que pretendemos enseñar se vea reflejada en nuestra forma de pensar, sentir y actuar, es decir, que exista coherencia y congruencia en nuestra vida como docentes. Los alumnos aprenderán más de lo que ven en nuestro ser y actuar que de toda la teoría de la que les hablemos. *¿Estamos listos para iniciar este viaje?*

1

La Inteligencia Emocional (IE)

La Inteligencia Emocional se transmite a través del ejemplo.

Su importancia en el ámbito educativo

La educación emocional ha emergido como un componente esencial en el desarrollo integral de los estudiantes. Esta perspectiva no solo se enfoca en la adquisición de conocimientos académicos, sino también en la habilidad de reconocer, comprender y gestionar las emociones propias y ajenas. El concepto de "Escuelas Emocionalmente Responsables" aboga por un enfoque holístico que integra la educación emocional en el currículo escolar, promoviendo un ambiente en el que estudiantes y docentes puedan prosperar emocionalmente.

La educación emocional se define como el proceso de desarrollo de habilidades emocionales, tales como la identificación y manejo de emociones, la empatía, y la capacidad para resolver conflictos de manera constructiva. Daniel Goleman, en su obra *Inteligencia Emocional*, destaca que "la Inteligencia Emocional puede ser tan importante como el coeficiente intelectual en la determinación del éxito en la vida" (Goleman, 1995).

En este sentido, la educación emocional no solo complementa la formación académica, sino que también es fundamental para el bienestar general y el éxito personal de los alumnos.

La Inteligencia Emocional (IE) se desarrolla no solamente en su componente metafísico como un concepto intangible, sino en la práctica en su componente axiológico, es decir, que somos inteligentes emocionalmente en la medida en que logramos ser emocionalmente responsables en cada acción.

Diseñé el modelo emores® Emocionalmente Responsables por una parte para contribuir a la Educación Emocional, lo que implica la adquisición de distinciones y el desarrollo de Competencias Socioemocionales y de forma paralela, para formar personas que puedan desarrollar la capacidad de apoyar a otros a Gestionar sus emociones.

Por más de una década el modelo emores® ha sido aplicado en la Gestión Emocional de mujeres y hombres, tanto en procesos individuales como grupales. El profesional que acompaña a la persona o al grupo de personas en el proceso educativo lo denominamos "Facilitador Emocional". Al acto de conversar para desarticular emociones, sentimientos y estados de ánimo además de realizar reconstrucciones lingüístico/emocionales lo denominamos como "Gestión de Emociones" tal como lo llamó Daniel Goleman. Podemos referirnos al profesional como "Facilitador o Gestor Emocional".

Como facilitadores del aprendizaje, tenemos el privilegio y la responsabilidad de modelar estas competencias emocionales, al promover un ambiente de confianza y apoyo en el aula, no solo fomentamos el éxito académico, sino que también sentamos las bases para que nuestros estudiantes se conviertan en individuos íntegros y conscientes de sí mismos. Esto implica escuchar sus preocupaciones, celebrar sus logros y brindarles herramientas para manejar el estrés y la incertidumbre.

Es crucial recordar que la educación emocional no se limita al ámbito escolar, para que sea verdaderamente efectiva, debe extenderse a todos los rincones de la vida de nuestros estudiantes. Esto significa, involucrar a los padres y a la comunidad educativa en su conjunto, colaborando para crear un entorno de aprendizaje que valore tanto el crecimiento académico como el desarrollo emocional y social.

La integración de la Inteligencia Emocional en nuestro currículo no solo beneficia a nuestros alumnos, sino también enriquece nuestra práctica docente. Nos invita a reflexionar sobre nuestras propias emociones y habilidades interpersonales, promoviendo así un crecimiento personal continuo. Al adoptar un enfoque consciente y empático hacia nuestra labor educativa, nos transformamos en agentes de cambio positivo en la vida de quienes tenemos el privilegio de guiar.

En resumen, educar desde la perspectiva de la Inteligencia Emocional es un compromiso con el futuro, es preparar a nuestros estudiantes para enfrentar un mundo globalizado con compasión, ética y resiliencia. Es, en última instancia, sembrar semillas de conocimiento y sabiduría que florecerán no solo en el aula, sino en cada aspecto de sus vidas. Así que, queridos colegas, invito a cada uno de ustedes a abrazar esta noble tarea con entusiasmo y dedicación, recordando siempre que la educación emocional es el puente que conecta el aprendizaje con el corazón humano. Juntos, podemos inspirar a las generaciones futuras a alcanzar su máximo potencial, no solo como estudiantes brillantes, sino como seres humanos íntegros y compasivos que contribuyen positivamente a nuestra sociedad.

El diálogo auténtico implica una interacción horizontal entre educador y educando, donde se enriquecen mutuamente a través del intercambio de experiencias, conocimientos y emociones. En este sentido, la educación emocional según Paulo Freire (2010) no solo se trata de enseñar habilidades emocionales, sino de crear espacios donde los estudiantes puedan expresar sus sentimientos, reflexionar críticamente sobre ellos y aprender a manejarlos de manera constructiva.

En el contexto actual, marcado por crecientes desafíos emocionales y sociales, la pedagogía de Freire (2010) ofrece un marco relevante para repensar la educación emocional. Invita a los educadores a ser conscientes de su papel como facilitadores del desarrollo emocional y social de los estudiantes, creando ambientes de aprendizaje inclusivos y empoderadores. La educación emocional, desde esta perspectiva, no solo es una herramienta para mejorar el rendimiento académico, sino también para cultivar ciudadanos críticos, éticos y comprometidos con la transformación social.

Por otro lado, la educación emocional, vista a través del prisma de Erik Erikson (1950), se convierte en un proceso integral que no solo aborda la comprensión y gestión de las emociones, sino también la formación de una identidad sólida y adaptativa. Los educadores tienen la responsabilidad de crear ambientes seguros y enriquecedores que permitan a los niños y jóvenes explorar además de expresar sus emociones de manera saludable. Esto no solo fortalece su autoestima y confianza en sí mismos, sino que también les proporciona herramientas para enfrentar los desafíos emocionales y sociales a lo largo de sus vidas.

Una contribución significativa de Erikson a la educación emocional radica en su énfasis en la importancia de las relaciones interpersonales y el apoyo social. Según su teoría, la capacidad de establecer vínculos afectivos sólidos y manejar conflictos interpersonales de manera constructiva son habilidades fundamentales que se desarrollan a lo largo de todo el ciclo vital. Los educadores pueden fomentar estas habilidades al promover la empatía, la comunicación efectiva y la resolución de problemas dentro y fuera del aula.

Erikson destaca la importancia de la autenticidad y la integridad personal en el desarrollo emocional y social. A medida que los individuos atraviesan las diferentes etapas de su vida, enfrentan crisis que ponen a prueba su capacidad para adaptarse y crecer emocionalmente. La educación emocional basada en su enfoque no solo busca fortalecer las habilidades emocionales básicas, como la autoconciencia y la autorregulación, sino también preparar a los individuos para enfrentar estas crisis con resiliencia y una comprensión profunda de sí mismos.

Es por lo anterior que la educación emocional debe centrarse en construir la autoestima de los estudiantes, ayudándoles a reconocer sus fortalezas y a aceptar sus debilidades, para lo que es importante diseñar actividades que promuevan la autorreflexión, el reconocimiento de logros y el desarrollo de habilidades personales que contribuyan significativamente a satisfacer estas necesidades de estima.

En la cúspide de la jerarquía de Abraham Maslow (1973) se encuentran las necesidades de autorrealización, que reflejan el deseo de alcanzar el máximo potencial personal y vivir de acuerdo con los propios valores y metas. En el contexto educativo, esto significa proporcionar oportunidades para que los estudiantes exploren sus intereses, desarrollen sus talentos y persigan sus sueños.

La educación emocional, en este nivel, se convierte en un catalizador para la autorrealización. Al fomentar la autoconciencia, la autodirección y la creatividad, los educadores pueden ayudar a los estudiantes a descubrir y perseguir sus pasiones. Programas de desarrollo personal, actividades extracurriculares y proyectos de interés individual son fundamentales para apoyar a los estudiantes en su camino hacia la autorrealización.

En este libro me centraré en presentar el modelo emores® Emocionalmente Responsables como una forma en la que los docentes pueden obtener distinciones y desarrollar competencias que les permitan apoyar a sus alumnos a aprender la Inteligencia Emocional de forma experiencial. El docente puede contribuir como educador emocional cuando acompaña a sus alumnos a adquirir distinciones o desarrollar competencias y como gestor emocional cuando los apoye en procesos conversacionales para gestionar las emociones o estados de ánimo.

Hoy más que nunca necesitamos como docentes ayudar a nuestros alumnos a aprender en lugar de enseñarles y no solo en las materias académicas sino también en la Inteligencia Emocional. Debemos estar conscientes de que los alumnos ya no nos necesitan como portadores de simple información dado que hoy la pueden conseguir en la web, con mayor exactitud y eficiencia, por lo que está revolucionando y redefiniéndose día a día el papel del docente. El desafío está en convertirnos en mentores, coaches y gestores emocionales para apoyarlos a resolver inquietudes, elevar su motivación y dar pasos en la constante autorrealización. Necesitamos estar más orientados en formar personas con sentido humanista, capaces de verse con respeto y tratar a los demás con consideración y aprecio.

Antes de entrar en emores® Emocionalmente Responsables como modelo de intervención, quiero plantearlo como filosofía para ver y vivir la vida desde la responsabilidad emocional. La inspiración es el estímulo del deseo interno que una persona experimenta al ver con aprecio lo que otra persona es, hace y logra. Nosotros como maestros y padres, jugamos un papel importante para inspirarlos desde nuestra congruencia sensibilizando a los niños, adolescentes y jóvenes a educarse en emociones.

Para lograr ser inspiración en ellos, los maestros y los padres de familia podemos trabajar en estos alcances:

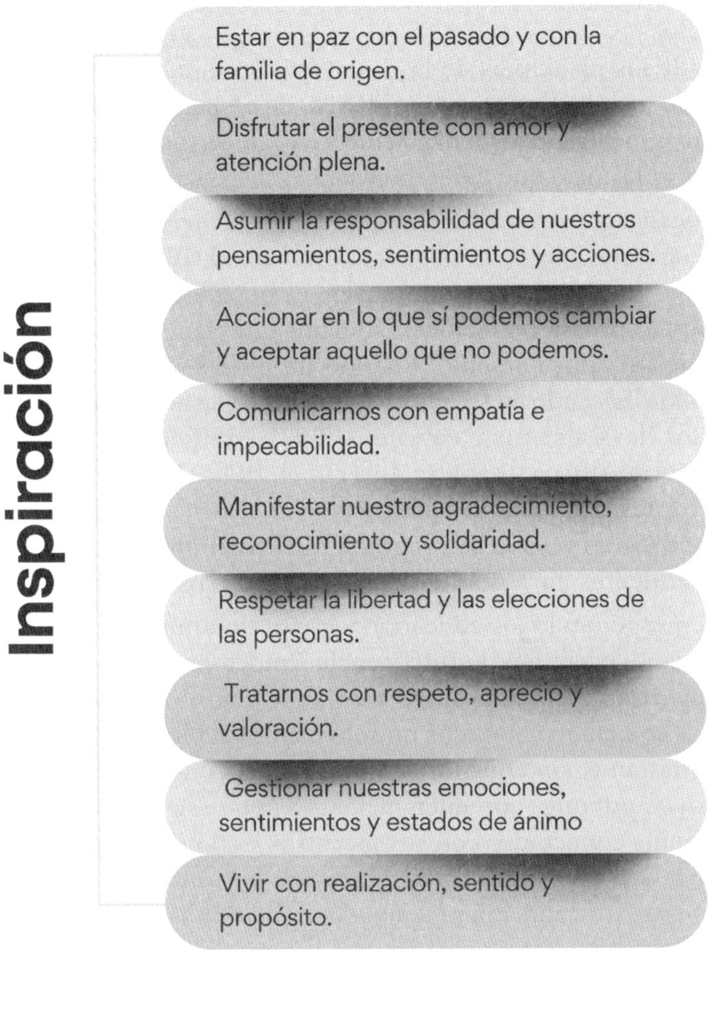

Inspiración

- Estar en paz con el pasado y con la familia de origen.
- Disfrutar el presente con amor y atención plena.
- Asumir la responsabilidad de nuestros pensamientos, sentimientos y acciones.
- Accionar en lo que sí podemos cambiar y aceptar aquello que no podemos.
- Comunicarnos con empatía e impecabilidad.
- Manifestar nuestro agradecimiento, reconocimiento y solidaridad.
- Respetar la libertad y las elecciones de las personas.
- Tratarnos con respeto, aprecio y valoración.
- Gestionar nuestras emociones, sentimientos y estados de ánimo
- Vivir con realización, sentido y propósito.

Figura 1

Estos alcances pueden influir positivamente en los alumnos, mismos que irán trabajando en el transcurso del ciclo escolar y su estancia educativa, año con año y de manera permanente como una cultura de vida.

Desde los principios de la psicología humanista veo a mis alumnos como personas completas y dignas de respeto, libres de tomar sus decisiones, de elegir responsablemente y con la capacidad de decidir el camino y el futuro que quieren vivir.

Educar a nuestros alumnos desde preescolar, primaria y secundaria en competencias de Inteligencia Emocional (IE) es esencial para su desarrollo integral. Estas competencias, no solo ayudan a los niños a manejar sus propias emociones, sino que también fomentan un sentido profundo de valor personal. Cuando un niño se siente comprendido, respetado y apoyado en su entorno educativo, su autoconfianza florece, y esto los lleva a sentirse capaces y con posibilidades para enfrentar desafíos académicos y sociales. Invertir en IE desde una edad temprana permite que los estudiantes desarrollen una base sólida para enfrentar las adversidades y los cambios propios del crecimiento, y les proporciona herramientas para gestionar el estrés y la frustración.

Además, cuando los educadores crean un ambiente de aula propicio, donde se promueve la Inteligencia Emocional, se sientan las bases para un clima escolar positivo y colaborativo. Un aula en la que los alumnos se sienten valorados no solo mejora el bienestar emocional de cada estudiante, sino que también facilita la convivencia y el aprendizaje. Los estudiantes aprenden mejor cuando se sienten seguros y emocionalmente conectados con sus maestros y compañeros. Así, integrar la inteligencia emocional en la educación permite que los estudiantes no solo crezcan académicamente, sino que también desarrollen habilidades interpersonales y de vida que los preparan para ser individuos resilientes y responsables en su futuro.

La enseñanza de competencias de Inteligencia Emocional (IE) en preescolar, primaria y secundaria cobra aún mayor relevancia cuando la relacionamos con las etapas del desarrollo psicosocial que describe Erik Erikson (1950). En preescolar, los niños atraviesan la etapa de iniciativa vs. culpa, donde desarrollan la capacidad de tomar decisiones y asumir responsabilidades. Fomentar la Inteligencia Emocional en esta fase les ayuda a enfrentar sus primeros intentos de autonomía con confianza y a evitar sentimientos de culpa o inhibición. En la primaria, durante la etapa de industria vs. inferioridad, los niños comienzan a comparar sus habilidades con las de los demás, y el éxito o el fracaso en sus actividades puede influir en cómo se perciben a sí mismos. Educar en IE les proporciona las herramientas necesarias para gestionar la frustración y desarrollar una sensación de competencia, apoyando su sentido de logro.

En secundaria, los adolescentes se enfrentan a la etapa de identidad vs. confusión de roles, donde buscan definirse a sí mismos dentro de su entorno social y personal. Aquí, las competencias emocionales como la autorregulación y la empatía juegan un papel importante para ayudarlos a gestionar los cambios emocionales propios de la adolescencia y fortalecer relaciones saludables. La inteligencia emocional, integrada con las etapas del desarrollo psicosocial, permite que los estudiantes no solo se sientan valiosos y competentes, sino que también encuentren un propósito y dirección en su desarrollo personal. Al garantizar que el entorno educativo esté en sintonía con sus necesidades emocionales y psicoafectivas se crea un ambiente de aula seguro y enriquecedor, donde los alumnos pueden crecer tanto académica como emocionalmente, reforzando su identidad y habilidades para la vida.

Desarrollo de competencias

Fortalecer la Inteligencia Emocional a través del desarrollo de competencias, genera beneficios para la salud psicológica de las personas y eleva el rendimiento de estas en distintos ámbitos, como el personal, laboral, deportivo, académico, entre otros. Practicar la Inteligencia Emocional favorece la efectividad en las relaciones con uno mismo y con los demás, elevando el disfrute y el bienestar.

El trabajo del desarrollo de la Inteligencia Emocional en el aula no solo es tarea del alumno, es también del docente, pues el alumno aprenderá la gestión emocional diaria del profesor, así como el bienestar que transmita. Por supuesto que el desarrollo de competencias socioemocionales no solo involucra a los alumnos, el cuerpo docente, administrativo y directivo de una institución; participan también de manera importante los padres de familia, familiares y la sociedad en general, incluyendo las redes sociales y los medios de comunicación. Se trata de una tarea conjunta.

Este plan de intervención tiene bases teóricas de los principales académicos que han dedicado años de estudio a la importancia y aplicación de la Inteligencia Emocional, también propongo una estructura conversacional a la que he denominado C.R.E.O. (Centrar, Reflexionar, Elegir y Operar) para que el docente pueda aplicarlo como método para desarticular los pensamientos que sostienen emociones, sentimientos y estados de ánimo.

Los alumnos elevan su bienestar al conocerse a sí mismos, a través de sus emociones, sentimientos, conductas y hábitos. Sanan al liberar resentimientos. Elevan su seguridad al fortalecer su valor personal y asumir el liderazgo de sus vidas. Logran también estar en paz con el pasado, libres de resentimientos, presentes en el aquí y el ahora y sin miedo al futuro, pueden gestionar mejor la depresión, la ansiedad y el estrés.

Los estudiantes logran desarrollarse cuando toman decisiones responsables y aprenden a crear relaciones afectivas; se autorrealizan al darle sentido a sus vidas, diseñar futuro y alcanzar sus metas; viven en interdependencia, mejorando la capacidad de influencia y liderazgo, favorece además el bienestar psicológico y aumenta la motivación.

Esta metodología, queridos docentes, los guiará para acompañar a sus alumnos en un proceso desde la comprensión de las bases de la Inteligencia Emocional, hasta el desarrollo de competencias emocionales que les permitan mejorar su propia relación y la relación con los demás. Aprenderán a conocerse mejor, fortalecer su autoestima, gestionar sus emociones desarticulando sentimientos y aprendiendo a reconstruir estados emocionales óptimos.

El enfoque en el desarrollo de la Inteligencia Emocional impacta directamente en fortalecer las necesidades psicoafectivas de los niños y adolescentes, algunas de esas necesidades son el amor, la seguridad, la pertenencia, el respeto, el reconocimiento, la aceptación y la libertad. ¿No es impactante saber que al mismo tiempo que educamos en emociones contribuimos en la cobertura de estas necesidades que marcarán positivamente la vida de nuestros alumnos? Estoy seguro de que esto nos recordará todos los días el fin del propósito de la Educación Emocional.

Este plan de intervención será útil para la organización, la planificación y la aplicación de la educación emocional en las aulas, tanto de los programas oficiales de educación de cualquier país como los que por iniciativa propia realicen los suyos.

Figura 2

2

Modelos de Inteligencia Emocional

Algunos modelos como referencia

La Inteligencia Emocional florece en el interior de cada persona.

Modelo de Daniel Goleman

Le precede a Goleman el psicólogo estadounidense Edward L. Thorndike quien postuló la existencia de un nuevo tipo de inteligencia a la que denominó "Inteligencia Social" y la describió como la capacidad para relacionarnos de forma efectiva con los demás y comportarnos con sabiduría en las relaciones sociales. Le siguen otros aportes, pero no es hasta la publicación de *Emotional Intelligence* de Daniel Goleman (1995), cuando detona a nivel mundial el interés por el impacto de la Inteligencia Emocional en la educación, las organizaciones y la vida cotidiana.

Es a partir de este libro, que se marca un punto de partida en la difusión sin precedentes de un concepto que hasta entonces había pasado desapercibido. Este libro se convierte en un *best seller* en muchos idiomas. A partir de mediados de los noventa, la inteligencia emocional es un tema de interés general por parte de la sociedad, de tal forma que empiezan a aparecer artículos (primero en revistas de divulgación y después en las científicas) y libros sobre el tema. Para Goleman (1995: 43-44) la Inteligencia Emocional consiste en:

1. Conocer las propias emociones. El principio de Sócrates "conócete a ti mismo" se refiere a esta pieza clave de la inteligencia emocional: tener conciencia de las propias emociones; reconocer un sentimiento en el momento en que ocurre. Una incapacidad en este sentido nos deja a merced de las emociones incontroladas.
2. Manejar las emociones. La habilidad para manejar los propios sentimientos, a fin de que se expresen de forma apropiada, se fundamenta en la toma de conciencia de las propias emociones. La habilidad para gestionar expresiones de ira, furia o irritabilidad es fundamental en las relaciones interpersonales.
3. Motivarse a sí mismo. Una emoción tiende a impulsar hacia una acción. Por eso, emoción y motivación están íntimamente interrelacionadas. Encaminar las emociones, y la motivación consecuente hacia el logro de objetivos, es esencial para prestar atención, automotivarse, manejarse y realizar actividades creati-

vas. El autocontrol emocional conlleva a demorar gratificaciones y dominar la impulsividad, lo cual suele estar presente en el logro de muchos objetivos. Las personas que poseen estas habilidades tienden a ser más productivas y efectivas en las actividades que emprenden.

4. Reconocer las emociones de los demás. Un don de gentes fundamental es la empatía, la cual se basa en el conocimiento de las propias emociones. La empatía es la base del altruismo. Las personas empáticas sintonizan mejor, con las sutiles señales que indican lo que los demás necesitan o desean. Esto, las hace apropiadas para las profesiones de ayuda y servicio en sentido amplio (profesores, orientadores, pedagogos, psicólogos, psicopedagogos, médicos, abogados, expertos en ventas, etc.).
5. Establecer relaciones. El arte de establecer buenas relaciones es, en gran medida, la habilidad de manejar las emociones de los demás. La competencia social y las habilidades que conlleva, son la base del liderazgo, popularidad y eficiencia interpersonal. Las personas que dominan estas habilidades sociales son capaces de interactuar de forma suave y efectiva con los demás.

Inteligencia Emocional, Daniel Goleman - Basado en la definición de Emotional Intelligence de Daniel Goleman (1995).

Modelo de habilidades de Mayer y Salovey

Todos podemos desarrollar la habilidad para manejar nuestros sentimientos y emociones.

¿Inteligencia Emocional?

Según la versión original de Salovey y Mayer (1990), la Inteligencia Emocional consiste en la habilidad para manejar los sentimientos y emociones, discriminar entre ellos y utilizar estos conocimientos para dirigir los propios pensamientos y acciones. Definen también a la Inteligencia Emocional como "la capacidad de razonar válidamente con las emociones y la información relacionada con ellas, así como de usar las emociones para mejorar el pensamiento".

Habilidades

Según Mayer y Salovey (1997: 10), "la inteligencia emocional incluye:

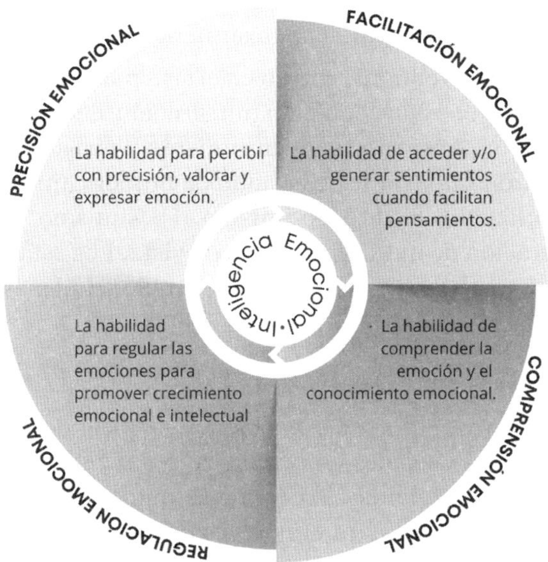

Figura 3

La inteligencia emocional se refiere a un "pensador con un corazón" ("a thinker with a heart") que percibe, comprende y maneja relaciones sociales.

Estos autores han ido reformulando el concepto original en sucesivas aportaciones (Mayer y Salovey, 1993, 1997, 2007; Mayer, Caruso y Salovey, 1999, 2001; Mayer, Salovey y Caruso, 2000).

Una de las formulaciones que se toman como referencia es la siguiente (Mayer, Salovey y Caruso, 2000; Mayer y Salovey, 1997, 2007). La Inteligencia Emocional se estructura como un modelo de cuatro ramas interrelacionadas:

1. Percepción emocional

   Las emociones son percibidas, identificadas, valoradas y expresadas. Se refiere a sí mismo, en otros, a través del lenguaje, conducta, en obras de arte, música, etc. Incluye la capacidad para expresar las emociones adecuadamente. También la capacidad de discriminar entre expresiones precisas e imprecisas, honestas o deshonestas.

2. Facilitación emocional del pensamiento

   Las emociones sentidas, entran en el sistema cognitivo como señales que influyen en la cognición (integración, emoción y cognición). Las emociones priorizan el pensamiento y dirigen la atención a la información importante. El estado de humor cambia la perspectiva del individuo, desde el optimismo al pesimismo, favoreciendo la consideración de múltiples puntos de vista. Los estados emocionales facilitan el afrontamiento. Por ejemplo, el bienestar facilita la creatividad.

3. Comprensión emocional

   Comprender y analizar las emociones, empleando el conocimiento emocional. Las señales emocionales en las relaciones interpersonales son comprendidas, lo cual tiene implicaciones para la misma relación. Capacidad para etiquetar emociones, reconocer las relaciones entre las palabras y las emociones. Se consideran las implicaciones de las emociones, desde el sentimiento a su significado; esto significa comprender y razonar sobre las emociones para interpretarlas. Por ejemplo, que la tristeza se debe a una pérdida. Habilidad para comprender sentimientos complejos; por ejemplo, el amor y odio simultáneos hacia una persona querida (pareja, hijos) durante un conflicto. Habilidad para reconocer las transiciones entre emociones; por ejemplo, de frustración a ira, de amor a odio.

4. Regulación emocional (emotional management)

   Regulación reflexiva de las emociones para promover el conocimiento emocional e intelectual. Los pensamientos promueven el crecimiento emocional, intelectual y personal para hacer posible la gestión de las emociones en las situaciones de la vida. Habilidad para distanciarse de una emoción. Habilidad para regular las emociones en uno mismo y en otros. Capacidad para mitigar las emociones negativas y potenciar las positivas, sin reprimir o exagerar la información que transmiten.

Modelo Reuven Bar-On

Todos podemos entender y encaminar nuestras emociones.

El Bar-On (2006) propone un modelo que parte de esta definición: "La Inteligencia Emocional es la capacidad de entender y encaminar nuestras emociones, para que estas trabajen para nosotros y no en contra, lo que nos ayuda a ser más eficaces y a tener éxito en distintas áreas de la vida".

El modelo de Reuven Bar-On (2006) se sostiene sobre cinco componentes clave, los cuales engloban, a su vez, tres factores cada uno, creando un total de 15 escalas o factores medibles con la herramienta psicométrica que él mismo ha creado, el EQ-i.

Estos 5 constructos son:

1. Percepción de uno mismo: Este factor engloba a su vez 3 subfactores:

   - El Autoconcepto: Consiste en respetarse a uno mismo, al tiempo que se comprenden y aceptan las fortalezas y debilidades.
   - La Autoconciencia emocional: Incluye el reconocimiento y comprensión de las emociones propias, siendo conscientes del impacto que pueden tener en nuestros pensamientos y acciones.
   - La Autorrealización: Disposición para intentar mejorar voluntariamente y perseguir objetivos significativos y relevantes para nosotros.

2. Expresión de uno mismo: Está formado a su vez por:

   - La Asertividad: Implica la comunicación de sentimientos, creencias y pensamientos abiertamente, así como defender los derechos y valores de una manera socialmente aceptable.
   - La expresión emocional: Expresar abiertamente los sentimientos de forma verbal o no verbal.
   - La Independencia: Es la actitud de no ser dependiente emocionalmente de otros, supone comportarnos de una manera libre y autónoma.

3. Componente Interpersonal: Compuesto por los siguientes subfactores:

   - La Empatía: Consiste en reconocer, comprender y apreciar cómo se sienten los demás, comportándose de una manera respetuosa con sus sentimientos.
   - Las Relaciones Interpersonales: Consiste en desarrollar y conservar relaciones satisfactorias con otras personas caracterizadas por la confianza y la compasión.
   - La Responsabilidad Social: Disposición a contribuir con la sociedad, determinados grupos sociales y en general, al bienestar de los demás.

4. Toma de decisiones: La cual aglutina a:

- Resolución de problemas: Aptitud que consiste en encontrar soluciones a problemas en situaciones que implican emociones, comprendiendo la manera en la que estas influyen en la toma de decisiones.
- Contrastar la realidad: Capacidad de conservar la objetividad y que las emociones no alteren nuestra percepción de las cosas.
- Control del impulso: Aptitud de resistir o retrasar un impulso o la tentación de actuar, evitando decisiones o comportamientos apresurados.

5. Manejo del estrés: Factor que comprende a los siguientes subfactores:

- Flexibilidad: Supone la adaptación de las emociones, pensamientos y comportamientos, ante circunstancias o ideas desconocidas e impredecibles.
- Tolerancia al estrés: Implica enfrentarse a situaciones complejas o difíciles y creer que es posible manejar e influir en ellas.
- Optimismo: Mantener una actitud y perspectiva positiva hacia la vida, conservando la esperanza a pesar de dificultades ocasionales.

¿Es emocionalmente inteligente una persona que sabe sacar lo positivo de cada una de las situaciones que vive? Lo es, si realiza este ejercicio de optimismo con un elevado grado de objetividad sin edulcorar en exceso la realidad. También es necesario adaptarse rápidamente a situaciones externas, adecuando su respuesta y pensamientos a dicha situación.

Defino la Inteligencia Emocional como la capacidad de autogobierno emocional y la habilidad para interrelacionarse de manera efectiva.

3

Modelo de Inteligencia Emocional emores®

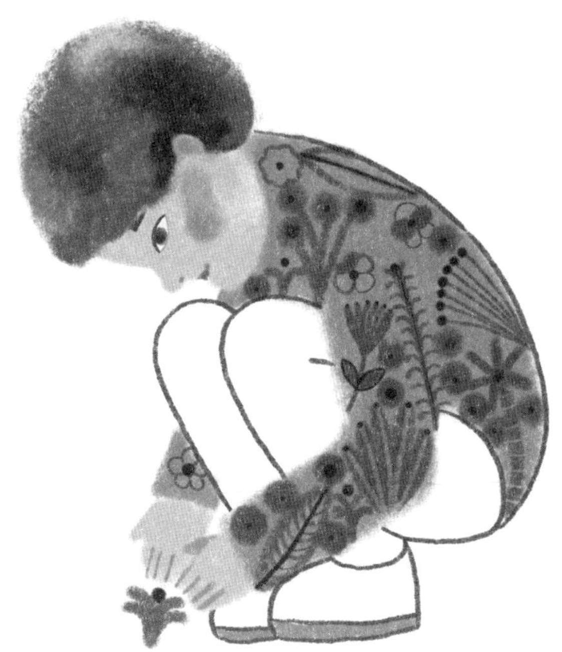

Todos podemos ser Emocionalmente Responsables.

El presente plan de intervención está compuesto por un plan temático con un marco teórico y un marco metodológico que permitirá al docente guiar la educación emocional basado en competencias.

El programa tiene dos grupos de competencias: Las intrapersonales y las interpersonales. Cada una de estas estructuras contienen actitudes, aptitudes, habilidades y capacidades.

Diez competencias Intrapersonales:

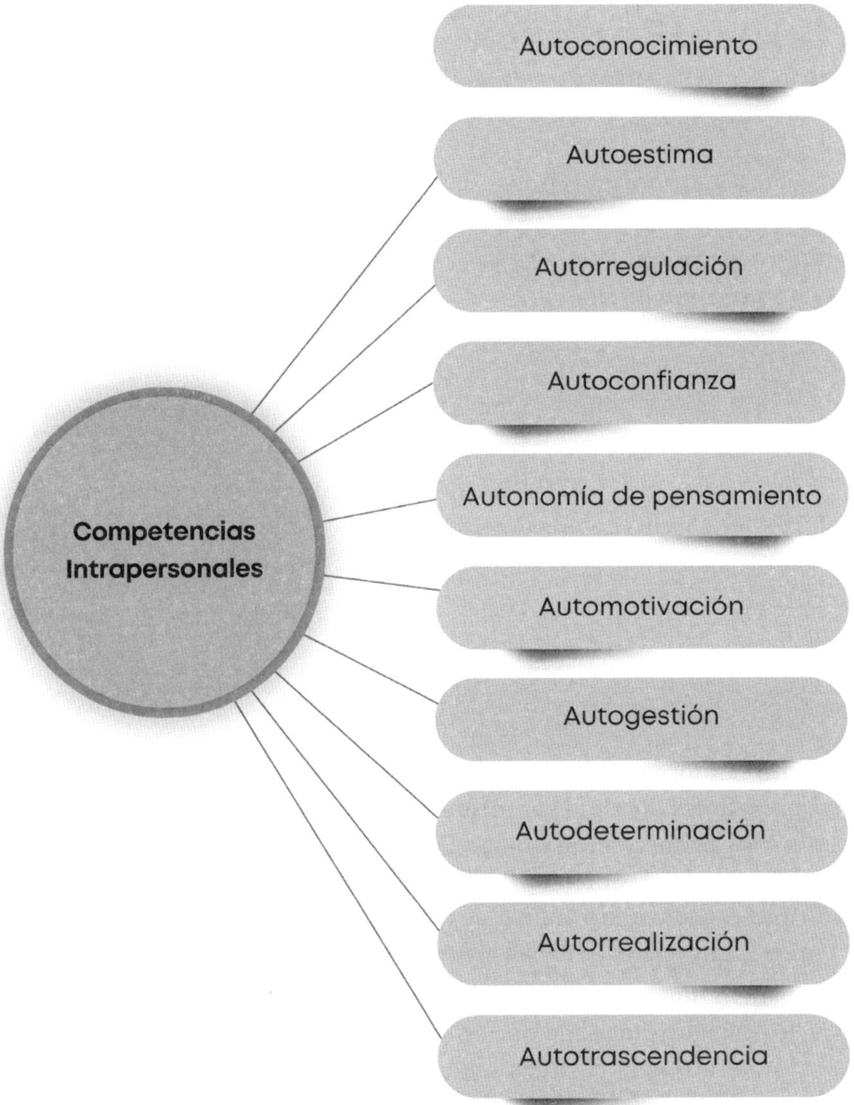

Figura 4

Cinco Competencias Interpersonales:

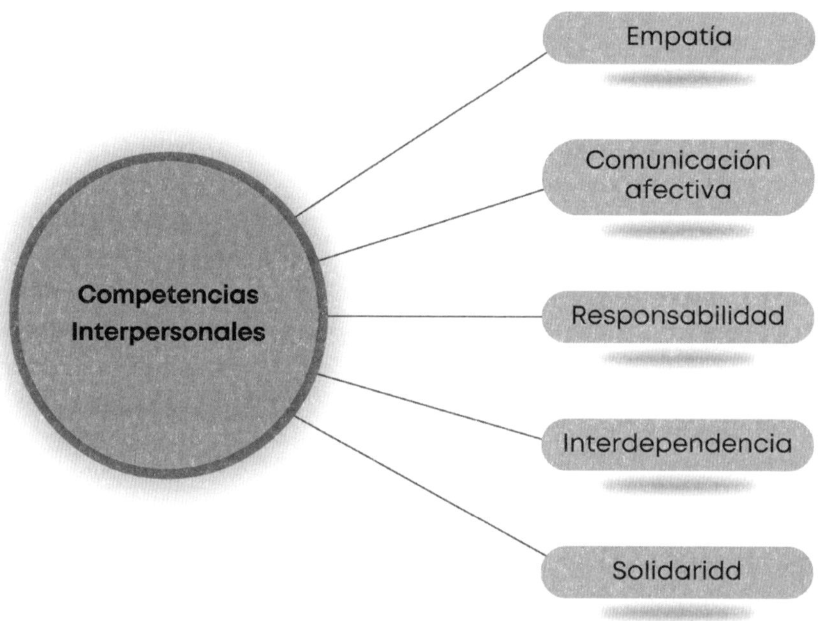

Figura 5

Para comprender la importancia de ver el desarrollo de competencias personales dividido en intrapersonales e interpersonales, debemos remitirnos primero al psicólogo Howard Gardner (2018), de la Universidad de Harvard, quien en 1983 publicó su teoría de las Inteligencias Múltiples, rechazando la idea de que existe un solo tipo de inteligencia y cuestionando la validez del sistema educativo convencional.

Sostuvo que las personas tenían al menos ocho tipos de inteligencias, lo que hacía inválido que se juzgara a un niño como "no inteligente", si no era bueno para las matemáticas o la lingüística, pues podía destacar en otras áreas. Las ocho inteligencias a las que se refirió son: la inteligencia lingüística, lógico-matemática, cinético corporal, musical, espacial, naturalista, interpersonal e intrapersonal. Estas dos últimas son a las que se refiere como Inteligencias Personales. Entendiendo la intrapersonal como la capacidad de una persona para conocerse a sí mismo, automotivarse y autorregularse emocionalmente. "Se conoce bastante bien a sí misma; puede identificar sus propios sentimientos, objetivos, miedos, virtudes y defectos; y, en las circunstancias más profundas, puede usar este conocimiento para tomar con criterio decisiones importantes".

En su libro *Inteligencias Múltiples* Gardner (2018) hace referencia a un fragmento de Virginia Woolf de su ensayo "A Sketch of the Past" y dice que Virginia en este texto "ilustra la inteligencia intrapersonal de forma vívida, el conocimiento de los aspectos internos de la persona: el acceso a la propia vida emocional, a la propia gama de sentimientos, la capacidad de efectuar discriminaciones entre emociones y finalmente ponerles un nombre y recurrir a ellas como medio de interpretar y orientar la propia conducta. Una persona con buena inteligencia intrapersonal posee un modelo viable y eficaz de sí mismo".

Por otra parte, resaltó la inteligencia interpersonal, la cual se refiere a la capacidad para transmitir las propias emociones, comunicarse con efectividad y gestionar las emociones externas. Gardner (2018) dice que la inteligencia interpersonal "se construye a partir de una capacidad nuclear para sentir distinciones entre los demás: en particular, contrastes en sus estados de ánimo, temperamentos, motivaciones e intenciones. En formas más avanzadas, esta inteligencia permite a un adulto hábil leer las intenciones y deseos de los demás, aunque se hayan ocultado".

El Modelo emores® está dividido en 15 competencias distribuidas en dos grupos:

Metacompetencias intrapersonales. El alumno en relación consigo

1. **Autoconocimiento**

   Es el reconocimiento personal de las fortalezas y áreas de oportunidad. La persona identifica las características de su personalidad, temperamento, carácter, valores y conductas. Tiene una misión y visión de vida que lo orientan hacia el futuro, respondiendo a preguntas fundamentales de sentido y propósito. (Goleman, 2007).

   El alumno es capaz de comprenderse a sí mismo. Identifica, asimila y expresa sus emociones.

2. **Autoestima**

   La autoestima es una percepción evaluativa de nosotros mismos como resultante de pensamientos y sentimientos recurrentes y sumativos que se proyectan en comportamientos observables. La autoestima es el aprecio que se tiene de uno mismo (amor propio, confianza, suficiencia, valía) y el respeto y estimación que se recibe de otras personas. (Gardner, 2018).

   El alumno tiene valoración y amor personal. Se cuida, se respeta y fija límites.

3. **Autorregulación**

   Es la capacidad para gestionar las emociones a partir de gatillos internos y externos. Es la autorregulación de las manifestaciones internas y las percepciones externas. Para Salovey y Mayer la regulación es la capacidad para mitigar las emociones negativas y potenciar las positivas, sin reprimir o exagerar la información que transmiten (Bisquerra, 2010, p. 129).

   El alumno es capaz de percibir, sentir y asimilar las embestidas emocionales externas, reflexiona y actúa con templanza y autorregulación de sus impulsos. Resuelve sus problemas y mantiene el autocontrol ante situaciones desafiantes.

4. **Autoconfianza**

   Es el respaldo que una persona se da a sí misma independientemente de la confianza que le dan los demás. La autoconfianza se alimenta de la autoestima y se transforma en seguridad. No es igual autoconfianza (confío en que puedo) a la autoeficacia (sé que sé). Paralelo a la autoconfianza está la autoeficacia que denota la inteligencia, la fuerza, la habilidad y las capacidades. La autoeficacia nutre también a la autoconfianza. La autoconfianza que una persona se tiene a sí misma es un acto de amor y de fe que le ayudarán a lograr el éxito.

El alumno confía en sus recursos y se muestra optimista frente a sus retos y desafíos. Es realista con los recursos internos y externos que posee y es el primero en darse apoyo, crédito y confianza.

5. **Autonomía de pensamiento**

Facultad de la persona para pensar de forma libre y responsable, según su criterio, con independencia de la opinión o el deseo de otros. La autonomía es la base de la interdependencia. (Maslow, 2012).

El alumno vive en autonomía de pensamiento de acuerdo con su edad, ni dependiente en exceso ni codependiente de los demás. Logra relaciones afectivas y sociales gracias a su autoestima, autoconfianza y seguridad personal. El alumno se orienta a tomar decisiones de forma libre y responsable considerando otros puntos de vista, pero actuando desde la autonomía de su pensamiento.

6. **Automotivación**

La capacidad para dar sentido y propósito al ser y hacer de las cosas, para que sirva como motor para el impulso diario hacia el alcance de metas tangibles e intangibles. La automotivación es darse a uno mismo las razones, el entusiasmo e interés, para impulsar acciones y comportamientos congruentes con los objetivos enfocados. Cuando nuestros objetivos tienen un para qué, fuerte y convincente, surge la autodeterminación.

El alumno es capaz de crear y generar la energía vital que lo impulsará al logro permanente de la resolución de problemas y el alcance de metas. Valora las motivaciones externas, pero tiene como principio actuar a favor de sus propios "para qué" y las recompensas que obtendrá por sus logros. Para automotivarse habrá de conjugar la voluntad, el interés y la responsabilidad.

7. **Autogestión**

   Es la capacidad y la habilidad de una persona para resolver sus problemas y cubrir sus necesidades sin dependencia ni codependencia. Su actuar es interdependiente como un ejercicio de la libertad y la responsabilidad que le da la autonomía de pensamiento.

   El alumno tiene la capacidad y la habilidad para resolver los problemas cotidianos que se le presentan, ante ellos demuestra una actitud flexible y adaptable. Muestra capacidad para resolver sus problemas con una mirada apreciativa y proactiva.

8. **Autodeterminación**

   Es la capacidad que tiene una persona para sostenerse en la acción que se detona desde la autonomía de pensamiento y la autogestión, sumar el poder y la libertad para asumir el liderazgo de su propia vida. Una persona con autodeterminación se sostiene intencionado en el camino hacia el logro de sus objetivos, superando desafíos y adversidades.

   El alumno posee la capacidad de la autodeterminación, usa su automotivación para impulsarse, pero habrá de necesitar de la determinación para no claudicar en los momentos difíciles. Es la autodeterminación la que permite que el alumno con coraje, disciplina, constancia, perseverancia y resiliencia logre lo que se proponga.

9. **Autorrealización**

   Deriva del desarrollo del potencial del propio individuo. La autorrealización es la cúspide de los esfuerzos humanos, donde se clava la bandera del logro, el éxito, o el triunfo. La acción del hombre conduce a la felicidad como fin último. Aunque la felicidad es el camino y la actitud en el caminar, no deja de estar en el logro la mayor fuente de este estado (Maslow, 1973).

   El alumno construye su autorrealización diariamente a través de pequeños logros de acuerdo con sus capacidades, gustos, deseos y preferencias. El reconocimiento a sí mismo es fundamental para considerarse digno y valioso independientemente de los logros y triunfos que obtiene.

10. Autotrascendencia

Es la sensación individual de estar contribuyendo con la familia, la sociedad o el mundo, según los alcances que cada persona se proponga como fin último de todo lo que es, tiene y hace. La autotrascendencia refleja la satisfacción cumbre que se experimenta como logro. Incluso cuando una obra tangible o intangible desaparece, continúa perenne el significado y el aporte (Maslow, 1973).

El alumno se propone dejar huella siendo auténtico y compartiendo con los demás lo mejor que posee. Su visión es incluyente, solidaria y progresista. La autotrascendencia es el fin último de las cosas, de los proyectos y todo aquello por lo que el alumno estudia y está en vida. Cada alumno tendrá de acuerdo con su cultura, ideologías y autonomía un fin distinto digno de respetarse y apoyarse.

Metacompetencias interpersonales. El alumno en relación con los demás

1. Empatía

Es la capacidad de percibir (sentir-emocionalmente) y asimilar (comprender-cognitivamente) lo que otro vive. La palabra empatía proviene del griego empatheia, que significa "sentir dentro". Es una participación afectiva de una persona hacia la otra en sus sentimientos. De la empatía surgen: La aceptación, el agradecimiento y el reconocimiento. Incluye la habilidad para reír, divertirse, llorar o manifestar las emociones (Goleman, 2007).

El alumno es capaz de comprender la manera como las otras personas se sienten. Sabe escuchar. Percibe, asimila y comprende lo que sucede en su entorno. Expresa sus emociones, actúa con agradecimiento y reconocimiento a los demás.

2. Comunicación efectiva

Capacidad para expresar sentimientos, ideas y opiniones de manera objetiva, separando hechos e interpretaciones. Sin ser agresivo ni pasivo (Asertividad). Hablando con la verdad y en honestidad. Esta capacidad objetiva de comunicación implica, que la persona es capaz de separar las interpretaciones y juicios de los hechos. Puede segregar emociones de datos, evaluar el rol desde el cual se comunica y se comunican los otros. Es impecable con sus palabras y capaz de distinguir distorsiones cognitivas y otros contaminantes de la comunicación, lo que le permite asertividad y efectividad.

El alumno tiene habilidades conversacionales. Procura ser asertivo en su comunicación y se relaciona de manera cordial con los demás.

3. Responsabilidad

Es capaz de crear conversaciones generativas. Asume el compromiso con lo declarado, sabe diferenciar la culpa de la responsabilidad, la confianza de la seguridad; es capaz de crear conversaciones generativas, fija límites con firmeza y sabe gestionar el cambio. Para Søren Kierkegaard (1980), la responsabilidad está profundamente vinculada con el concepto de autenticidad y la elección individual.

En su filosofía, Kierkegaard (1980) destaca la importancia de la libertad personal y el acto de elegir, lo que conlleva una responsabilidad hacia uno mismo. Para él, cada individuo es responsable de su propia existencia y debe enfrentarse a las decisiones que toma a lo largo de la vida.

El alumno tiene un procesamiento de la información emocional y la unifica con el razonamiento, tomando decisiones acertadas. Se expresa en primera persona y responde con madurez frente a sus compromisos y asume responsabilidad de sus actos.

4. Interdependencia

Es la capacidad para interrelacionarse de manera efectiva con los demás. La persona interdependiente no busca hacerse cargo de los problemas de otros ni acepta que le quiten sus propios retos y desafíos. Ayuda, apoya, colabora sin invalidar. Evita el control, la manipulación y toda forma errónea de convivencia.

El alumno disfruta de sus momentos de soledad. Es autónomo e independiente para realizar sus actividades y tareas. Cuando se trata de colaborar en grupo o trabajar en equipo lo hace, aunque no sea lo que prefiere. Sabe actuar en colaboración aportando ideas y siendo flexible ante las ideas de otros.

5. Solidaridad

Capacidad para dar apoyo y colaborar a favor de las personas, los seres sintientes y el medio ambiente. Esta competencia pone en contacto a la persona con el bienestar de todos y para todos.

El alumno actúa en apoyo a las causas que promueven el bien común. Se solidariza ayudando o apoyando según se necesite. Es solidario con las personas, pero también con los animales y la naturaleza.

4

Plan de Intervención Emocional

Dirección, Docentes, Padres, Alumnos y Sociedad.

DISEÑO DE PLANES DE INTERVENCIÓN PARA ESCUELAS Y GRUPOS ESCOLARES

Análisis del contexto y detección de necesidades

Características de la Institución

El proceso inicia con la indagación de necesidades que presenta el plantel educativo o el grupo de alumnos en el que deseamos intervenir. Podemos realizar entrevistas, grupos de enfoque o encuestas con preguntas cortas, claras y precisas. ¿Qué necesidades se detectan? ¿Qué es lo que la Inteligencia Emocional podría cambiar en los docentes? ¿De aplicar la educación de la Inteligencia Emocional cómo contribuiría en la vida de los alumnos? ¿Qué podría venir a cambiar la Inteligencia Emocional?

Debemos considerar las características socioculturales, históricas y contextuales de la población en la cual se desea aplicar el plan de intervención emocional.

Para aplicar un plan de intervención debemos considerar:

a) La formación de maestros. ¿Cómo los vamos a formar?
b) La sensibilización a padres. ¿Cómo lograremos sensibilizarlos?
c) El involucramiento del área administrativa y académica. ¿Cómo contribuirían?
d) La intervención permanente en los alumnos. ¿Qué necesidades tiene cada grupo de acuerdo con su edad y año escolar?

Análisis de necesidades

Se deberán aplicar herramientas para conocer las necesidades puntuales de la educación emocional en el plantel o grupo. Algunas sugerencias son:

a) Evaluación de distinciones sobre Inteligencia Emocional para docentes.
b) Una encuesta para detectar las necesidades de aprendizaje emocional de los alumnos.
c) Una encuesta para determinar las necesidades de aprendizaje emocional en padres de familia y cuidadores.

Las necesidades de aprendizaje emocional de los alumnos

Las necesidades de aprendizaje emocional de los alumnos son específicas dependiendo de muchos factores como la educación emocional que han tenido en los grados anteriores, el tipo de crianza y la forma en la que cada niño ha gestionado sus emociones frente al entorno, sin embargo, hay competencias generales a desarrollar y temas específicos que pueden comprender nuestro plan de intervención. A continuación, tienes la oportunidad de analizar algunos aspectos con base en tu experiencia como docente y las observaciones que has logrado en tu alumnado. Las respuestas te ayudarán a construir planes de intervención específicos.

1. **Al observar a sus alumnos, usted ha notado que se les facilita más:**

   a) Llamar a las emociones y sentimientos por su nombre.
   b) Expresar las inquietudes que hay debajo de sus sentimientos.
   c) Mantener la calma ante situaciones de miedo o estrés.
   d) Recuperarse en momentos de ira.
   e) Recuperarse ante situaciones de tristeza.
   f) No engancharse con lo que otros dicen.
   g) Actuar con empatía ante los problemas de otros.
   h) Dar reconocimiento a sus compañeros.
   i) Expresar su agradecimiento.
   j) Expresar empatía y condolencias en situaciones de pérdida.
   k) Expresar sus sentimientos afectivos.
   l) Crear lazos de amistad profundos.
   m) Aceptar la autenticidad de sus compañeros.
   n) Tratar con respeto a sus compañeros.

2. **Al observar a sus alumnos, usted ha notado que se les dificulta más:**

   a) Llamar a las emociones y sentimientos por su nombre.
   b) Expresar las inquietudes que hay debajo de sus sentimientos.
   c) Mantener la calma ante situaciones de miedo o estrés.
   d) Recuperarse en momentos de ira.
   e) Recuperarse ante situaciones de tristeza.

f) No engancharse con lo que otros dicen.
g) Actuar con empatía ante los problemas de otros.
h) Dar reconocimiento a sus compañeros.
i) Expresar su agradecimiento.
j) Expresar empatía y condolencias en situaciones de pérdida.
k) Expresar sus sentimientos afectivos.
l) Crear lazos de amistad profundos.
m) Aceptar la autenticidad de sus compañeros.
n) Tratar con respeto a sus compañeros.

3. Al observar a sus alumnos, usted ha notado que se les facilita más lograr:

a) Autoconocimiento. Conocerse a sí mismo.
b) Autoestima. Amarse tal cual es.
c) Autorregulación. Regular sus emociones.
d) Autoconfianza. Confiar en sí mismo y actuar con seguridad.
e) Automotivación. No depender de la motivación externa.
f) Autodeterminación. Enfocarse y dirigirse al alcance de sus metas.
g) Autonomía. Tener un pensamiento y criterio propio.
h) Autogestión. Ser autónomo al resolver sus problemas y tomar decisiones.
i) Autorrealización. Mostrarse feliz y satisfecho con sus resultados.
j) Autotrascendencia. Pensar en los demás y no solo en sí mismo.

4. Al observar a sus alumnos, usted ha notado que se les dificulta más:

a) Autoconocimiento. Conocerse a sí mismo.
b) Autoestima. Amarse tal cual es.
c) Autorregulación. Regular sus emociones.
d) Autoconfianza. Confiar en sí mismo y actuar con seguridad.
e) Automotivación. No depender de la motivación externa.
f) Autodeterminación. Enfocarse y dirigirse al alcance de sus metas.

g) Autonomía. Tener un pensamiento y criterio propio.
h) Autogestión. Ser autónomo al resolver sus problemas y tomar decisiones.
i) Autorrealización. Mostrarse feliz y satisfecho con sus resultados.
j) Autotrascendencia. Pensar en los demás y no solo en sí mismo.

5. Al observar a sus alumnos, usted ha notado que se les facilita más:

a) Mostrar empatía hacia los sentimientos de otros.
b) Comunicarse con asertividad, sin sumisión ni violencia.
c) Tomar responsabilidad absoluta de lo que sienten, dicen y hacen.
d) Actuar con interdependencia, sin depender excesivamente de otros.
e) Manifestar solidaridad hacia las personas y los animales.

6. Al observar a sus alumnos, usted ha notado que se les dificulta más:

a) Mostrar empatía hacia los sentimientos de otros.
b) Comunicarse con asertividad, sin sumisión ni violencia.
c) Tomar responsabilidad absoluta de lo que sienten, dicen y hacen.
d) Actuar con interdependencia, sin depender excesivamente de otros.
e) Manifestar solidaridad hacia las personas y los animales.

Planificación del plan de intervención

Para elaborar un plan de intervención vamos a crear un objetivo general y objetivos específicos. Te doy este ejemplo:

a. Objetivo general:

   Dotar a la institución de un plan de intervención para la educación en inteligencia emocional de alumnos y docentes.

b. Objetivos específicos:

   - Presentar un plan de intervención metodológico que sirva al centro educativo como guía referente para la educación en Inteligencia Emocional y el desarrollo de competencias socioemocionales.
   - Dar a los docentes actividades y recursos para facilitar el aprendizaje en materia de inteligencia emocional.

   Los objetivos principales del plan de intervención con los alumnos, es que sean capaces de:

   - Adquirir un mayor autoconocimiento a través de la autobservación y la apertura a la retroalimentación de los demás.
   - Lograr mayor conciencia de las propias emociones analizando los detonantes y las reacciones en las emociones recurrentes.
   - Gestionar las propias emociones, desarticulando los pensamientos que las sostienen.
   - Reconstruir los estados de ánimo generando nuevos pensamientos acordes a la emocionalidad deseada.
   - Percibir, asimilar y comprender las emociones, sentimientos y estados de ánimo, propios y ajenos.
   - Poseer dominio del lenguaje para nombrar con la mayor precisión posible los pensamientos, emociones, sentimientos y estados de ánimo que se vivencian.
   - Fortalecer la autoestima a través del autocuidado personal.
   - Incrementar la autonomía manifestando lo que se piensa y se siente.

- Fortalecer la autogestión, incrementando el pensamiento crítico, la confianza y la independencia para resolver de manera autónoma las situaciones cotidianas.
- Generar resiliencia a través del desarrollo de la autoestima, la confianza, y la seguridad personal, adoptando una actitud apreciativa, motivante y positiva frente a la vida que permiten ver las razones para superar las adversidades.
- Crear una filosofía que lleve al alumno a la práctica de la empatía con los demás y la compasión por todos los seres vivos, y a actuar con responsabilidad, compromiso y solidaridad social.
- Orientarse con motivación y determinación al diseño y alcance de metas.

Para apoyar a tus alumnos a educarse en emociones toma en consideración estos pasos:

1. Sensibilizar. Despertar sentimientos capaces de generar una sugestión hacia el interés por aprender sobre las distinciones emocionales y desarrollar competencias. El alumno requiere "desear aprender".
2. Concientizar. Generar conciencia de los beneficios que traerá a la vida del estudiante a través de sus relaciones y resultados.
3. Educar. Ayudar a aprender sobre definiciones, conceptos y construir aprendizajes significativos de forma experiencial.
4. Practicar. Incorporar y perfeccionar las habilidades y competencias mediante la práctica constante. El docente y el padre de familia requieren ser constantes practicantes de la educación y la gestión emocional. Somos más inteligentes en la medida en que somos más responsables de nuestras emociones y conductas.

c. Fundamentación de la intervención:

La actualidad demanda formar estudiantes que sean no solo alumnos destacados académicamente, sino también felices y emocionalmente responsables. Por lo tanto, la educación habrá de integrar la Inteligencia Emocional y el desarrollo de competencias socioemocionales a sus planes de estudio, con el objetivo de lograr una formación más integral tanto en niños como en adolescentes y jóvenes, desde el preescolar hasta los niveles universitarios.

Esta formación deberá ser capaz de considerar a los docentes y padres de familia en la dinámica de la enseñanza-aprendizaje, con el objetivo de que no se quede solo como materia de estudio, sino logre incorporarse en la vida cotidiana como una experiencia con coherencia y congruencia. El docente y el padre de familia no solo hablarán de la Inteligencia Emocional, sino serán además ejemplo del ejercicio de ella para los alumnos.

Para aplicar un plan de intervención emocional vamos a introducirnos en las bases de la inteligencia emocional, citando a los principales investigadores y divulgadores. Es difícil nombrar a todas las personas que a lo largo de estas tres décadas han contribuido a la construcción de la inteligencia emocional como objeto de estudio, sin dejar tampoco de considerar los aportes de la psicología en el trato que le ha dado a la Inteligencia Emocional, como parte integral de sus alcances en la procuración de la salud mental y el bienestar; no obstante, vamos a centrarnos en quienes mayor popularidad tienen en este ámbito.

d. Metodología de actuación

- Evaluar los conocimientos de los docentes sobre las bases de la Inteligencia Emocional y los componentes para el desarrollo de las competencias socioemocionales.
- Evaluar las necesidades de aprendizaje de los alumnos según la edad y el grado escolar.
- Diseñar un plan temático considerando los hallazgos de la indagación de necesidades de aprendizaje.
- Capacitar a los docentes con un plan específico.
- Evaluar los nuevos aprendizajes de los docentes.
- Implementar el plan de formación permanente para el alumnado.

e. Recursos para tener en cuenta

Los recursos son todo aquello con lo que se cuenta, por ejemplo: contamos con aulas, proyectores, pantallas digitales, rotafolios y material didáctico, tanto para la formación de los docentes como para las reuniones mensuales con padres de familia. También contamos con un kit de recursos para las actividades que se harán con los alumnos a lo largo del año. Este kit contiene hojas bond, hojas de rotafolio, cartulinas, plumones, colores, pinturas y cintas. También algunos recursos didácticos como rompecabezas, juegos de mesa y material deportivo, cuidando en lo posible el menor uso de papel o aprovechar los recursos reciclados.

f. Criterios de evaluación

Debe especificar la forma en la que se evaluarán los avances y los logros. Es importante evaluar el conocimiento del docente, previo a la formación, durante y al final de esta.

Evaluar los conocimientos del alumno en materia de inteligencia emocional, según la edad y el grado escolar, previo a la formación, durante y al final de esta.

Las evaluaciones nos permitirán emitir juicios de valor sobre la eficacia e idoneidad del plan temático y el plan de intervención. Esto nos permitirá analizar y tomar decisiones para plantear propuestas de mejora.

Aspectos organizativos del plan

a. Agentes implicados. Para llevar a cabo la intervención deberemos contar con la participación de la máxima autoridad de la institución o grupo a intervenir. También debemos contar con el apoyo de una persona designada para la coordinación del plan, quien será responsable del cumplimiento puntual del calendario de actividades. De ser posible debe participar toda la plantilla de docentes tanto para la toma de capacitación como para la ejecución del plan.

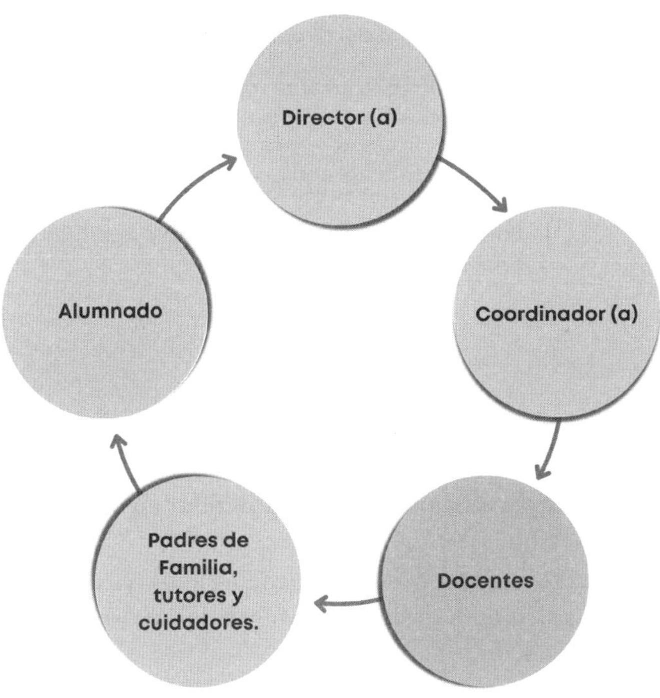

Figura 6

b. Requisitos mínimos. Como requisitos para aplicar y evaluar el plan de intervención se debe establecer un compromiso con la institución a través del director del plantel y el cuerpo docente. Este compromiso se puede expresar de forma escrita en una carta en la que se manifiestan la aceptación y el interés por ejecutar el plan y llevarlo al éxito.

Requisitos mínimos de participación:

- ☐ Compromiso firmado por la dirección de la Institución Educativa
- ☐ Participación del director (a) del Instituto
- ☐ Asignación de docente responsable de la coordinación
- ☐ Participación del equipo docente
- ☐ Participación de padres de familia, cuidadores y tutores

Figura 7

c. Estrategias de intervención

El plan de intervención se debe desarrollar en al menos cuatro líneas de acción:

1. Sumarse a las actividades extracurriculares del departamento de psicología de la escuela, por lo que servirá como una guía de acción.
2. Incorporar al plan de estudios de manera formal la materia de competencias socioemocionales, si no estuviera implementada.
3. Capacitar a todos los docentes en distinciones emocionales y competencias para gestionar emociones.

4. Capacitar a padres de familia, tutores y cuidadores sobre distinciones; actividades y dinámicas que faciliten la educación emocional en el hogar. Padres formados emocionalmente darán hijos educados emocionalmente.

Te proponemos las siguientes temáticas para el plan inicial de formación, invitándote a sumar todo aquello que consideres que generará valor, de esta manera podremos crear un programa significativo y constructivista:

- Introducción a la Inteligencia Emocional.
- Neurociencias.
- Modelos de Inteligencia Emocional.
- La Inteligencia Emocional en las aulas.
- La Inteligencia Emocional en el personal docente.
- La Inteligencia Emocional en el hogar.
- Competencias intrapersonales.
- Competencias interpersonales.
- Evaluaciones de IQ para las intervenciones.
- Distinciones emocionales.
- Conciencia emocional.
- Gestión emocional.
- Autonomía emocional.
- Conciencia y responsabilidad emocional social.

Sensibilización de padres. Temas sugeridos:

1. Los actos lingüísticos del habla.
2. Comunicación no violenta.
3. Elementos de la comunicación asertiva.
4. La escucha y atención atenta y plena.
5. La empatía como comprensión de necesidades mutuas.
6. Necesidades psicoafectivas en niños, adolescentes y adultos.
7. La importancia del reconocimiento y el agradecimiento
8. Resolución de conflictos en la familia
9. La creación de acuerdos

10. La autonomía y la autogestión para crear interdependencia
11. La resiliencia
12. El diseño de metas para la autorrealización

La educación emocional se dará siguiendo la guía del modelo para dar a los alumnos las distinciones emocionales y apoyarlos a crear autonomía, gestión emocional y conciencia y responsabilidad social.

Nombre del ejercicio: Tipo de ejercicio: Fecha de aplicación: Supervisión pedagógica: Supervisión psicológica: Facilitador:	Modelo de IE de Referencia: EMORES® Emocionalmente Responsables

Objetivo General:

Objetivos Específicos:

Descripción:

Recursos:

Referencias de estudio y créditos:

Figura 8

5

Actividades de apoyo para la Gestión Emocional

Competencias Intrapersonales del modelo emores®

METACOMPETENCIAS INTRAPERSONALES

Competencia 1. Autoconocimiento

Es el reconocimiento personal de las fortalezas y áreas de oportunidad. La persona identifica las características de su personalidad, temperamento, carácter, valores y conductas. Tiene una misión y visión de vida que lo orientan hacia el futuro, respondiendo a preguntas fundamentales de sentido y propósito.

En el autoconocimiento el alumno puede conocer también sus emociones, sentimientos y estados de ánimo. El conocimiento se da a través de la observación constante.

Actividad: El diario emocional

Un ejercicio para elevar el autoconocimiento emocional (conciencia emocional) de nuestros alumnos es llevar un Diario de Notas. Este diario consiste en hacer un registro de las emociones experimentadas durante el día.

Este Diario Emocional lo puedes aplicar en cualquier contexto, tanto de forma individual, como de manera grupal. En lo individual puede ser útil para que el alumno, pueda crear mayor conciencia de sus emociones como de sus comportamientos. Los docentes también lo pueden aplicar para llevar los registros emocionales durante las juntas de trabajo, o durante un determinado período para identificar aspectos que pueden ayudar a mejorar el clima laboral.

¿Cómo desarrollar el Diario Emocional en estudiantes de nivel preescolar y primaria?

Escriban los nombres de sus alumnos. Hagan un listado de las emociones más recurrentes y déjenlas como apoyo visual. Cada estudiante pasará diariamente a escribir las emociones que ha experimentado. Pueden apoyarlo para que indague qué detonó la emoción, qué efectos causó, qué raíz cree que subyace, cómo ha vivenciado la emoción y qué hizo para gestionarla.

¿Cómo desarrollar el Diario Emocional en estudiantes de nivel secundaria?

En el nivel secundaria el alumno puede seguir un formato establecido, hacer el diario con notas de voz o en un diario convencional. Puede utilizar un lápiz, bolígrafo, colores o plumones. El Diario es también un elemento de creatividad.

Es importante motivar a realizar el Diario Emocional desde el "deseo hacerlo" y no desde el "deber hacerlo". Cuando quieran utilizar este recurso dense el tiempo de contextualizar muy bien el qué es, cómo hacerlo y para qué es.

Para alumnos de secundaria y docentes en general pueden apoyarse en el contenido redactado en él.

Diseño de un diario emocional

a) **Emoción:** Registrar emociones, sentimientos o estados de ánimo.
b) **Tiempo de duración:** Registrar el tiempo aproximado en el que experimentaste la sensación emocional.
c) **Causas:** Registrar qué sucedió, qué disparó la emoción o qué pensamiento creó el sentimiento. Observa el detonador y la raíz. Ejemplo: Si experimentas enojo porque alguien no ha cumplido una promesa, registras que has experimentado enojo y la intensidad. **- intensidad** (incómodo, molesto, enfadado, irritado, colérico) **+ intensidad.** También puedes indagar en la raíz, esta puede ser eventos en los que está anclada la experiencia emocional, por ejemplo: de pequeño Papá con frecuencia hacía promesas que no cumplía y eso me enfurecía. Y puedes reflexionar también sobre el pensamiento maestro que lo detona, por ejemplo: Relaciono no cumplir las promesas con la falta de respeto. Pienso que me faltan al respeto cuando no cumplen las promesas que pactan conmigo. La intensidad del enojo dependerá de otros factores, puede estar relacionada con la frecuencia en la que se repite esta acción o con la persona que incumple. Algunas veces no sentimos lo mismo cuando incumple Papá sus promesas que cuando las incumple un amigo o una persona desconocida.

d) **Efectos:** Registrar los comportamientos que tuviste y la actitud que tomaste.
e) **Gestión:** Registrar la manera en la que realizaste el proceso de gestión, que va desde la percepción, autocontrol, asimilación y autorregulación).

Ficha de registro emocional:

Día:				
Emoción o sentimiento	Tiempo o duración	Causas ¿Qué lo ocasionó?	Efectos Comportamiento Actitud	Gestión ¿Cómo lo gestionaste?

Figura 9

Actividad: Código de valores

Para apoyar al alumno a lograr un mayor conocimiento de sí mismo, les propongo la siguiente actividad que tiene por objetivo construir su código de valores, e indaguen y reflexionen sobre cómo lo han construido.

Educar en valores ayuda a los estudiantes a crear un código de responsabilidad personal y social. La práctica congruente de estos valores en los docentes y en los padres ayudará a los alumnos a fijarlos en sus propias vidas desde una experiencia ejemplar. Cuando se aprenden los valores desde la infancia se interiorizan y se aplican a través del comportamiento cotidiano.

Los valores personales funcionan como una programación inconsciente en nuestro cerebro, una especie de base de datos que es consultada cada vez que queremos tomar una decisión. Por ejemplo: al estar frente al semáforo en rojo tenemos la oportunidad de cruzarlo si no hay autos en la avenida, pero también el deber de esperar a que cambie a verde. Si en nuestros valores sobresale la "libertad" por encima de la "responsabilidad" es probable que pisemos el acelerador y crucemos en rojo. El pensamiento de "justicia" y "responsabilidad" nos dirige a actuar desde el "deber ser". Apoyemos a nuestros alumnos a reflexionar sobre su propio código de valores.

¿Cómo trabajar los valores con los estudiantes de nivel preescolar y primaria?

En preescolar y primaria es esencial educar en los valores. Para ayudar a los niños a aprender sobre los valores podemos hablar diariamente sobre un valor. El docente puede apoyarse de una lista de al menos 32 valores para dedicarle un día a cada valor. La actividad consiste en que el docente habrá de poner el valor en una cartulina o exposición visual. Los alumnos trabajarán durante el día para vivir el valor.

A continuación, les propongo esta lista de valores. Es solo una lista de apoyo. Pueden modificar la lista según su criterio como docente o de acuerdo con las necesidades de formación que identifiquen en sus alumnos.

Educando en valores:

1	Amabilidad	12	Generosidad	23	Prudencia
2	Amor	13	Gratitud	24	Resiliencia
3	Autenticidad	14	Honestidad	25	Respeto
4	Autocontrol	15	Humildad	26	Responsabilidad
5	Autonomía	16	Integridad	27	Sinceridad
6	Asertividad	17	Justicia	28	Solidaridad
7	Determinación	18	Lealtad	29	Tolerancia
8	Disciplina	19	Libertad	30	Unidad
9	Discreción	20	Paciencia	31	Valentía
10	Empatía	21	Perdón	32	Verdad
11	Flexibilidad	22	Perseverancia		

Figura 10

Actividad: Investiguen cuáles películas o recursos audiovisuales en general pueden utilizar como reforzadores de aprendizaje para niños en preescolar y primaria y cuáles pueden utilizar para educar en valores en los adolescentes de nivel secundaria.

¿Cómo trabajar los valores con los estudiantes de nivel secundaria?

Actividad: Organicen una convocatoria para que sus alumnos participen creando un cuento, una fábula o una canción para hablar sobre la importancia de los valores. Pueden orientar el trabajo a uno o varios valores.

Los círculos de diálogo son muy efectivos para discutir la relevancia de los valores en los conflictos cotidianos. Un ejemplo es pedir a los alumnos que expongan un problema que actualmente tengan y deseen resolver, podrán discutir cuáles valores se vieron involucrados en la generación del problema o cuál es la ausencia de valores que lo propiciaron, de la misma forma determinar cuáles son los valores necesarios para los diferentes escenarios de solución.

1. ¿Cuáles son los valores que más practico?
2. ¿Para qué me conviene seguir practicando estos valores?
3. ¿Cuáles son los valores que elijo practicar?
4. ¿Para qué me conviene practicar estos nuevos valores?

Competencia 2. Autoestima

La autoestima es una percepción evaluativa de nosotros mismos como resultante de pensamientos y sentimientos recurrentes y sumativos que se proyectan en comportamientos observables. La autoestima es el aprecio que se tiene uno mismo (amor propio, confianza, suficiencia, valía), y el respeto y estimación que se recibe de otras personas.

Dentro de la autoestima están:

La autoimagen, el autoconcepto, el autorrespeto, la autoaceptación y el autorreconocimiento.

a) La autoimagen: es una imagen mental sobre el aspecto que tenemos, en qué somos buenos y cuáles son nuestras debilidades, esto es lo que proyecta la definición de quiénes somos. El problema deriva de que nuestra percepción es subjetiva y lo hacemos de manera fija e inamovible y no como un ser en movimiento. Nos formamos una falsa imagen desde nuestra infancia y la sostenemos a lo largo de toda la vida, añadiendo los peores juicios que los demás tienen de nosotros. Una autoimagen positiva y objetiva ayuda en la solidez de la autoestima.
b) Autoconcepto: es la idea general que tenemos de nosotros mismos. Es la valoración global de quién soy, qué hago, qué tengo y cuánto valgo.
c) Autorrespeto: es la consideración de sí mismo como digno y valioso. Cuidar la salud y procurar el bienestar personal. Considerarse merecedor de lo bueno. Fijar límites saludables. Saber hacer reclamos, pedir ayuda y ofrecer y aceptar disculpas.
d) Autoaceptación: es reconocer lo que realmente se es, tanto físico, social y emocional. Aceptar a la familia de origen, la procedencia, el pasado, los aciertos y errores, con responsabilidad y dignidad.
e) Autorreconocimiento: es identificar y valorar las capacidades, habilidades, destrezas y fortalezas. Auto felicitarse por el esfuerzo y los resultados. Saber reconocer los aciertos y oportunidades de mejora.

Vamos a trabajar la Autoestima.

Como ya leímos, la autoestima es la valoración global de nuestro amor propio y está conformada por la autoimagen, el autoconcepto, el autorrespeto, la autoaceptación y el autorreconocimiento. El autocuidado es una manifestación de una autoestima sana.

Para trabajar la autoestima con los alumnos de nivel primaria podemos apoyarnos con esta guía general:

- Autoimagen. Indaguen cuál es la imagen que el alumno tiene de sí mismo. Pueden pedirle que se mire al espejo y se describa. Pueden apoyarlo dándole refuerzos positivos para decirlos mientras se mira: "Me agrada verme". "Cuando me veo al espejo me reconozco". Pueden pedirle que sea apreciativo diciendo, por ejemplo: "Me gustan mis orejas". Si hubiera algo de su cuerpo que no le gusta, pueden pedirle que haga una afirmación positiva. Si el alumno expresa que algo le desagrada, pueden apoyarlo a reconciliarse con esa parte, construyendo un mensaje que le ayude. Les doy un ejemplo: "No me agrada tanto mi peso, pero no es positivo que la critique todo el tiempo. Acepto mi peso como es ahora". Este ejercicio del niño frente al espejo le ayudará al alumno a resaltar cosas que más le gusta de sí mismo, valorar lo que sí tiene y reconciliarse con aquellas partes de su cuerpo que le resultan desagradables.
- El autoconcepto. Desde la edad temprana vamos formando ideas sobre nosotros mismos. Así es que un niño por pequeño que sea va a responder a la pregunta de ¿Qué piensas de ti mismo? Esta pregunta permitirá que el alumno se exprese y de esta manera el docente podrá apoyarlo a cambiar las ideas que sostienen un autoconcepto negativo y reforzar las ideas positivas que le ayuden a fortalecer el autoconcepto sano. Lo importante del autoconcepto es que puede modificarse con nueva información, por lo que los reforzamientos positivos son de suma importancia. En la adolescencia el autoconcepto tendrá raíces ya más profundas, por lo que el trabajo de exploración debe ser constante.
- El autorrespeto. Necesitamos transmitir a los alumnos que son merecedores de un trato digno tanto de otras personas como de él

mismo. Como docentes o gestores los apoyaremos a fijar límites, decir que no y sostenerlo, decir que sí y hacerse responsable del cumplimiento de las promesas. El autorrespeto tiene que ver con el autocuidado y es una de las máximas expresiones de autoestima. ¿Qué ideas les surgen para trabajar el autorrespeto con alumnos de educación primaria? ¿Qué ejercicios, dinámicas o actividades podrían utilizar para crear conciencia del autorrespeto con adolescentes en la educación secundaria?

- La autoaceptación. Para trabajar la autoaceptación pueden utilizar como elemento la creación de un cuento o fábula. Pueden indicar a los alumnos la problemática: Hay un pez que no acepta que es pez y quiere volar por el cielo. Tenemos a un ave que no acepta que es un ave y quiere vivir en las profundidades del río. Hay también una hormiga que envidia la altura de un elefante y un elefante que quiere ser tan pequeño como una hormiga. Expuesta la situación se les invita a los alumnos a crear un cuento donde cada animalito logre aceptar lo que es y lo que no es. Y resaltar la importancia que tiene ser quien se es. Al final se les puede pedir que compartan en qué momentos se han comparado con otros y qué aprenden de este cuento. Si trabajan con adolescentes es necesario crear un contexto de apertura y confianza. En esta edad los adolescentes están librando batallas emocionales por la falta de aceptación. Pueden realizar círculos de conversación para hablar del tema donde cada participante exponga lo que piensa y siente al respecto. ¿Qué películas existen que pueden utilizar como apoyos didácticos y ayuden a crear conciencia sobre la importancia de la autoaceptación?
- El autorreconocimiento. Una vez trabajados los aspectos anteriores, el alumno está en condiciones de trabajar su autorreconocimiento, es decir la capacidad de ver en sí mismo y de forma apreciativa las inteligencias, habilidades, destrezas y virtudes. Si estamos apoyando a un alumno en su proceso de autorreconocerse, podemos aplicar en la escuela un ejercicio diario. Antes de salir del aula o terminar la jornada de actividades, cada alumno puede darse reconocimiento por la actividad, cualidad o acción que ese día marcó la diferencia en él o ella. “Hoy me reconozco porque me

esmeré en la realización de los ejercicios de matemáticas". "Hoy me reconozco porque pude autocontrolarme ante algo que me generó enojo". "Hoy me reconozco porque ...".

Soy Suficiente. Me elijo, me acepto, me amo y me respeto.

Ejercicio fortalece tu autoestima

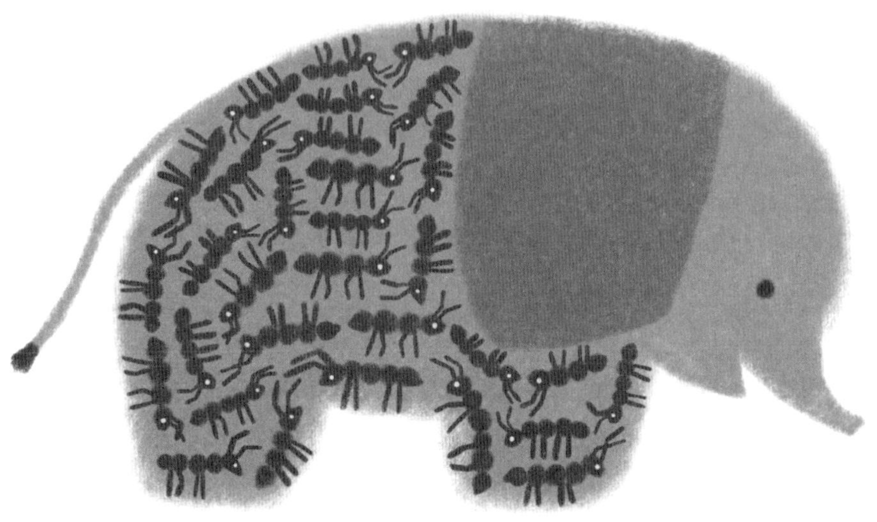

Autoimagen, Autoconcepto, Autorrespeto, Autoaceptación y Autorreconocimiento .

La autoestima es una percepción evaluativa de nosotros mismos, como resultante de pensamientos y sentimientos recurrentes y sumativos, que se proyectan en comportamientos observables. La autoestima es el aprecio que se tiene uno mismo (amor propio, confianza, suficiencia, valía), y el respeto y estimación que se recibe de otras personas.

Marca del 1 al 10 el nivel de tu autoestima, donde 1 es muy baja y 10 es idónea.

1 2 3 4 5 6 7 8 9 10

Dentro de la autoestima están:

La autoimagen, el autoconcepto, el autorrespeto, la autoaceptación y el autorreconocimiento.

La autoimagen: es una imagen mental sobre el aspecto que tenemos, en qué somos buenos y cuáles son nuestras debilidades, esto es lo que proyecta la definición de quiénes somos. El problema deriva de que nuestra percepción es subjetiva y lo hacemos de manera fija e inamovible y no como un ser en movimiento. Nos formamos una falsa imagen desde nuestra infancia y la sostenemos a lo largo de toda la vida añadiendo los peores juicios que los demás tienen de nosotros. Una autoimagen positiva y objetiva ayuda en la solidez de la autoestima.

Marca del 1 al 10 el nivel de tu autoimagen, donde 1 es muy baja y 10 es idónea.

1 2 3 4 5 6 7 8 9 10

¿Cuál era tu propia apreciación sobre tu aspecto físico durante la niñez y juventud?

____

____

____

¿Qué opinión tenían otras personas sobre tu apariencia?

____

____

____

¿Qué nuevos pensamientos y/o acciones te ayudarán a mejorar tu autoimagen?

____

____

____

Autoconcepto: es la idea general que tenemos de nosotros mismos. Es la valoración global de quiénes somos, qué hacemos y cuánto valemos.

Marca del 1 al 10 el nivel de tu autoconcepto, donde 1 es muy bajo y 10 es idóneo.

1 2 3 4 5 6 7 8 9 10

¿Cuál era tu propia apreciación sobre tu valor personal? Estas apreciaciones surgen cuando evalúas quién eres en este momento de tu vida, ¿qué has hecho?, ¿cuánto has logrado? Y ¿cuál es la valoración global que tienes y otros hacen sobre ti?

Autorrespeto: es la consideración de sí mismo como digno y valioso. Cuidar la salud y procurar el bienestar personal. Considerarse merecedor de lo bueno. Fijar límites saludables. Saber hacer reclamos, pedir ayuda y ofrecer y aceptar disculpas.

Marca del 1 al 10 el nivel de tu autorrespeto, donde 1 es muy bajo y 10 es idóneo.

1 2 3 4 5 6 7 8 9 10

¿Qué aspectos de los medidores del autorrespeto necesitas trabajar?

¿Cuáles serían las acciones concretas para mejorar tu autorrespeto?

Autoaceptación: es reconocer lo que realmente se es, tanto físico, social y emocional. Aceptar a la familia de origen, la procedencia, el pasado, los aciertos y errores, con responsabilidad y dignidad.

Marca del 1 al 10 el nivel de tu autoaceptación, donde 1 es muy bajo y 10 es idóneo.

1 2 3 4 5 6 7 8 9 10

¿Cuáles han sido los aspectos por los que no te has sentido aceptado por otros o por ti mismo?

¿Qué es lo que principalmente necesitas aceptar de ti mismo? ¿Y cómo poder hacerlo?

Autorreconocimiento: es identificar y valorar las capacidades, habilidades, destrezas y fortalezas. Auto felicitarse por el esfuerzo y los resultados. Saber reconocer los aciertos y oportunidades de mejora.

Marca del 1 al 10 el nivel de tu autorreconocimiento, donde 1 es muy bajo y 10 es idóneo.

1 2 3 4 5 6 7 8 9 10

¿Cuáles son los aspectos por los que no te has sentido plenamente reconocido por otros? ¿Y específicamente por quiénes?

Para fortalecer tu autorreconocimiento te invito a que hagas una lista tan larga como puedas con todas las cosas por las que te gustaría reconocerte. Experimenta el orgullo de reconocerte a ti mismo.

Mi lista de logros:

1	
2	
3	
4	
5	
6	
7	
8	
9	
10	
11	
12	
13	
14	
15	
16	
17	
18	

Figura 11

Competencia 3. Autorregulación

Capacidad para gestionar las emociones a partir de gatillos internos y externos. Es el autocontrol y la autorregulación de las manifestaciones internas y las percepciones externas.

Una de las habilidades a desarrollar es la de regular las emociones. La autorregulación implica:

Percibir: El alumno se da cuenta de que han detonado emociones propias y externas a través del tono de voz, expresiones faciales, movimientos, acciones e inacciones. Estas percepciones son un indicador primario que coloca al alumno en un estado de apertura. Es necesario entrenar a los alumnos para que logren validar sus percepciones emocionales en la convivencia con otros, validar significa asegurarse. "Amigo, percibo desagrado en ti. ¿Cómo te sientes? ¿Hay algo que te ha disgustado?". "Sí, estoy molesto porque no me gustó la forma en que me trataste".

Asimilar: El alumno evalúa la información obtenida a través de la percepción y la contrasta con la validación que se ha realizado. En conjunto se evalúa la sinceridad y honestidad de las manifestaciones emitidas y las posibles soluciones.

Comprender: El alumno ha pasado la información por un proceso cognitivo. Ha pensado y reflexionado sobre la percepción y asimilación. Ha aplicado la empatía (ponerse en la situación del otro) y con una mirada realista y optimista detona su creatividad para resolver lo que haya que resolver en la situación que vive.

Desarticular: El alumno es consciente de que las emociones han sido gatilladas por impulsos internos o externos. Sabe que son complejas porque tienen estructuras de más de una emoción o sentimiento. ¿Qué hay debajo de la emoción? ¿Qué es lo que en verdad inquieta a la persona? Esto sucede tanto con emociones y sentimientos de valencia negativa como el enojo, el miedo, la vergüenza o la tristeza o con emociones y sentimientos de valencia positiva como la alegría, la felicidad o el amor. "Amigo, lamento que te sientas así. Ahora comprendo tu estado de ánimo y tus reacciones hacia mí".

Crear: El alumno actúa en él mismo o en otros, como un acompañante en resoluciones. ¿Qué solución tiene esto? ¿Cómo puedes o puedo salir de este estado? ¿Qué estado quiero crear? ¿Qué necesito de mí o de otros para lograrlo? Crear es la creatividad en acción, se trata de una ingeniería interna puesta al servicio de la resolución. "Amigo, me gustaría que resolviéramos esto. Te ofrezco una disculpa por la forma en la que te traté. Toma el tiempo que necesites para restablecerte emocionalmente". "Gracias por tu disculpa, mañana nos vemos".

Conscientes de que las emociones son naturales y espontáneas, todos tenemos el derecho a molestarnos, sentir miedo o tristeza. Habremos de resaltar en nuestros alumnos la importancia del autocontrol. El autocontrol consiste en la capacidad de darle una buena salida a nuestras experiencias emocionales. El autocontrol es un "catalizador" emocional que podemos entrenar.

En este como en otros temas, la psicoeducación es fundamental. Se trata de explicar a sus alumnos las bases teóricas o los sustentos científicos para comprender, por qué nos pasa lo que nos pasa. Pueden desarrollar como tema de exposición la función de la amígdala. La amígdala forma parte del cerebro profundo, donde surgen emociones básicas como la rabia o el miedo. Es nuestro instinto de supervivencia. Decimos que tenemos un asalto amigdalar cuando perdemos la cordura frente a nuestras emociones. Para exponer este tema podemos apoyarnos en el libro *La Inteligencia Emocional* de Daniel Goleman y otras fuentes de consulta.

Actividad: catalizar las emociones y sentimientos

El alumno necesita y tiene derecho a manifestar sus emociones. Las emociones básicas propuestas por Darwin son (alegría, asco, ira, miedo, sorpresa y tristeza). Goleman dice: "Los investigadores continúan discutiendo acerca de qué emociones, exactamente, pueden considerarse primarias –el azul, el rojo y el amarillo– de los sentimientos, a partir de los cuales surgen todas las combinaciones, o incluso si existen realmente esas emociones primarias. Algunos grupos proponen familias básicas, aunque no todos coinciden en cuáles son", pág. 331 del libro *La Inteligencia Emocional*. En esta página enlista (ira, tristeza, temor, placer, amor, sorpresa, disgusto y vergüenza).

Sorpresa, miedo, tristeza, aversión, anticipación, ira y alegría es otro conjunto de emociones básicas propuesta por Plutchik (1958) basada en la hecha por Darwin. Esta propuesta tiene dos principios: a) las emociones son reacciones del organismo a los problemas de la vida, para una mejor adaptación y b) las emociones se estructuran en pares de opuestos. En esta teoría las emociones se colocan por valencias negativas y positivas. En el modelo circumplejo (Russell, 1980) las emociones se presentan de manera circular con alta y baja activación y orientadas a la izquierda en "displacer" y a la derecha en "placer". Figura página 88, *Psicopedagogía de las emociones,* Rafael Bisquerra Alzina, Editorial Síntesis (2009).

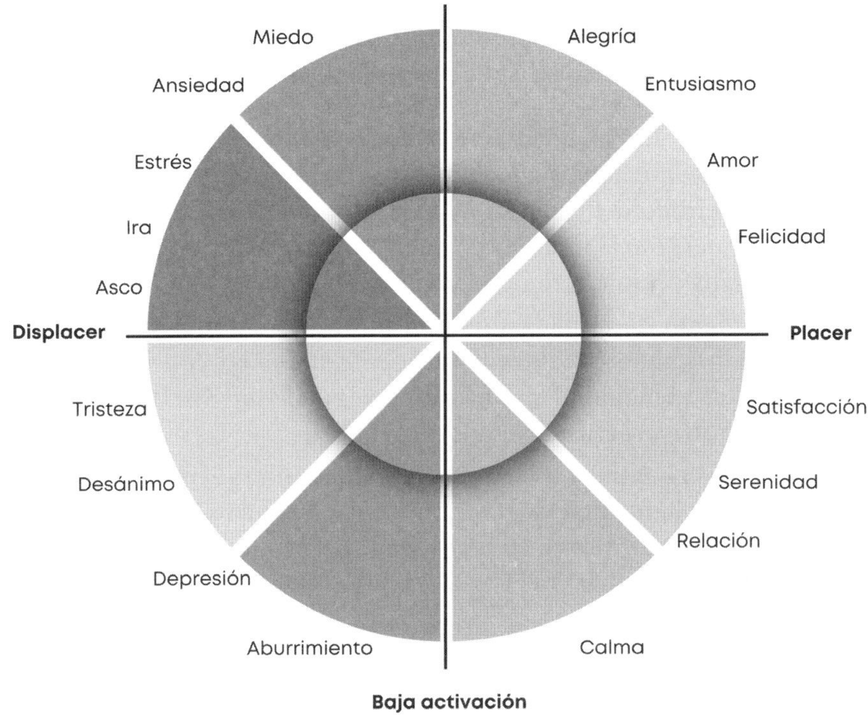

Figura 12

Para trabajar con las principales manifestaciones de las emociones de los alumnos, citaré las más recurrentes para apoyarlos a gestionarlas. Incluyo algunas ideas sobre cómo apoyar al alumno a vivenciarlas, desarticularlas y reconstruirlas. También les sugiero que ideen y hagan aportes sobre cómo gestionarlas para detonar su creatividad y construcción del aprendizaje. Recuerden que todo es prueba y aprendizaje y nada como la práctica para ver los resultados. Les sugiero documentar sus estrategias, formas y maneras de aplicarlo.

1. La alegría. La alegría en el lado sombra puede conducir a perder el foco de las tareas y actividades cotidianas. En el lado luz se puede poner de buen humor, contento, divertido, entusiasmado y optimista, conduciéndose al disfrute, la celebración y el bienestar.

Apoyemos a los alumnos a crear momentos de juego y celebración.

¿Qué ideas se les ocurren que pueden aplicar para lograrlo?

2. La felicidad. La felicidad en el lado sombra puede impedir ver las necesidades de atención y apoyo de las personas que están en la tristeza o en la pérdida del propósito y el sentido de la vida. En el lado luz la felicidad permite al alumno experimentar armonía, equilibrio, tranquilidad, satisfacción, serenidad, dicha y empatía.

El momento de la nada también es un momento productivo. Se trata de dar tiempos al alumno para entrenarse en la generación de momentos de atención plena. La práctica puede ser Zen, Mindfulness o cualquier otra práctica de enfoque.

Apoyemos al alumno a vivir con frecuencia estas experiencias cumbre a través de la meditación y la contemplación. La felicidad no es solo una emoción o sentimiento sino un estado del ser es estar en la vida con una mirada apreciativa.

Tener una actitud Zen significa estar plenamente consciente del momento presente. El estado Zen ayudará al alumno a liberar estrés, ansiedad, frustración e ira, tanto ayudará a la generación de felicidad como a lograr autocontrol. Para que el alumno logre estados de concentración el docente necesitará también practicarlos. La naturaleza es fundamental para la experiencia Zen (atención plena). La naturaleza está integrada en mi vida, de tal manera que conectarme con un árbol, una flor, un amanecer o un animal es cotidiano, pero significa que no me enfoque en hacerlo. Cuando voy en carretera y está a punto de suceder un crepúsculo estaciono el auto, salgo un momento y me permito estar en la contemplación. No hay una pérdida de tiempo, estoy en la nada y desde esa nada todo se puede crear. Apoyar al alumno de todos los niveles educativos a concentrarse los ayudará a lidiar mejor con su crecimiento, disminuyendo la ansiedad y muy seguramente los mantendrá alejados de las adicciones.

Apoyemos al alumno a generar pensamientos y acciones positivas.

Después de apoyarlos a crear momentos de atención plena y contemplación, vamos a apoyarlos a generar pensamientos y acciones positivas que los ayuden a relajarse y a responder de una forma asertiva a los problemas cotidianos. Se trata de entrenarlos para que dejen ir aquello que no pueden controlar y centrarse en lo que pueden tener y tomar dominio. El lado sombra de la felicidad podría ser el conformismo, la irresponsabilidad y la dejadez. Esto no significa que está mal tener experiencias de felicidad, solo lo importante será que esa felicidad nos lleve al optimismo, el entusiasmo y el desarrollo.

3. La tristeza. En el lado sombra de la tristeza conduce al desgano, el aburrimiento o desinterés, incluso a la pérdida del sentido de la vida y desembocar en las adicciones o el suicidio. Pero gestionar, la tristeza tiene un lado luz que posibilita al alumno a apreciar a la reflexión, la compañía; recibir la empatía y la solidaridad.

Apoyemos a los alumnos a vivenciar la tristeza, indagarla y reconstruir sus estados de ánimo.

Si un alumno tiene una pérdida, les invito a que realicen juntos un ejercicio que detonará sentimientos profundos y va a crear lazos muy especiales entre el alumno y sus compañeros.

Actividad: Gestión del duelo

El duelo es el dolor y la pena interna causados por la muerte de una persona. El luto son muestras exteriores. Hace años una madre y su hijo vinieron a mi estudio para gestionar sus emociones. El niño tenía reportes escolares y fueron referidos él y su madre para recibir apoyo profesional en psicoeducación pedagógica. En la primera cita la madre solicitó una evaluación del desempeño del niño. En la entrevista la madre hizo conciencia de que desconocía al 90% de los compañeros del salón del niño. Tan solo conocía a tres de ellos, sólo en algunos casos podía precisar quiénes eran los padres. Ella y su ahora esposo trabajaban y tenían poco tiempo para crear vínculos con los otros niños y sus familias, apenas y lo tenían para llevar y traer al niño al colegio. En la entrevista encontré un sentimiento de abandono en el niño, pero sobre todo llamó mi atención que tenía un dolor. Hacía tres meses que había muerto su perro. La madre encontró al perro muerto muy de mañana y se deshizo de él para evitar que el niño sufriera. El niño no pudo despedirse del animal y su luto y duelo estaban aniquilados también, pues le dijeron que no llorara que pronto tendría otro. Ese día hice un ejercicio imaginario donde todos los niños de su salón pasaban a darle las condolencias. Él iba nombrando a sus compañeros y pasaban al frente a darle un abrazo.

Si detectan que uno de sus alumnos, sin importar el grado o nivel escolar está pasando por una pérdida (muerte de un ser sintiente, padres, familiares, amigos o separación de padres) pide que pase al frente. Colóquense detrás de él y pongan sus manos en sus hombros. Puede un alumno también hacerlo en lugar suyo. Después organicen una fila con todos sus alumnos. Cada alumno pasará al frente y expresará “lo siento mucho; no estás solo, estoy contigo y cuentas conmigo”. Es importante que se contextualice al grupo generando sensibilización y conciencia sobre la importancia de esta experiencia, tanto para el alumno doliente como para sus compañeros solidarios. Este acto llenará al alumno doliente de resignación, amor y apoyo y a sus compañeros de compasión, bondad y empatía.

4. El miedo. El miedo en su lado luz nos regala el estado de alarma, permitiendo actuar de manera acertada. Es una emoción básica de supervivencia. También nos indica que no tenemos recursos o nos da la oportunidad de revisar cuáles y cuántos son los recursos. En el lado sombra nos puede paralizar y colocar en un estado de vulnerabilidad.

Apoyemos a los alumnos a vivenciar el miedo que experimentan, indagarlo y reconstruir sus estados de ánimo.

Actividad: Gestión del miedo

Recuerdo que en una formación de locución tuve un maestro en psicología que me enseñó un ejercicio para la gestión del Miedo. El ejercicio se trata de sacar el miedo del estómago. El miedo tiene lugares para anidarse. Siempre es importante preguntarle al alumno *"¿Dónde lo siente?"*. Algunas veces expresará que, en la garganta, otras veces en el estómago o en las piernas. Cada alumno dirá que lo experimenta en un punto específico. Ya identificado el miedo preguntaremos *"¿Miedo a qué?"* ya que responda podemos volver a preguntar *"Y si eso pasa ¿Hay otro miedo más profundo?"* de tal manera que la explicación de la consecuencia sea cada vez más específica como si quitáramos las capas de una cebolla. Ya que se ha manifestado el miedo a qué y a quiénes (esto es desarticulación o gestión emocional), procedemos a hacer el ejercicio para la reconstrucción emocional.

Le pedimos al alumno que identifique dónde está el miedo, imagina que ese miedo es un hilo que irá sacando poco a poco hasta haber logrado sacar la última hebra. En la medida en que el alumno hace el ejercicio de estirar y estirar podemos preguntarle cómo se siente y reforzar con frases de apoyo como "cada vez que estiras sale el miedo de ti", "el miedo se supera sacándolo paso a paso". Al final le pedimos al alumno que comparta su experiencia si lo desea y nos aseguramos de que emocionalmente se encuentra bien. Siempre las respiraciones profundas son de ayuda para la apertura y el cierre.

Otra manera de educar en la gestión del miedo es mostrando su "anatomía". A los alumnos de preescolar podemos pedirles que lo dibujen. El dibujo constituye un elemento revelador porque podemos comprender cómo es el miedo para el alumno. Una vez que el alumno ha dibujado el miedo le pediremos que a un lado dibuje algo que represente la valentía, la confianza, la seguridad u otro sentimiento o cognición que le ayude a superarlo. También conviene mostrarles que el miedo no siempre es un monstruo maligno, pues aparece en nuestra mente y nuestro cuerpo para mostrarnos que necesitamos crecer en confianza, valentía y seguridad. Otras veces nos muestra que hay recursos que no tenemos y que, si nos esmeramos en aprender y desarrollarnos, el miedo simplemente desaparece.

Actividad: Superar el miedo

Otro ejercicio que suelo utilizar para desarticular el miedo y empoderar al estudiante lo hago de la siguiente manera: Pido al alumno que elija a uno de sus compañeros para que represente a su miedo. En seguida a otra persona que represente lo que quiere lograr. Lo acompaño a que reflexione sobre las anatomías de ambos. Suelen representar al miedo con un compañero alto y a sus objetivos con compañeros de menor estatura. Luego le pido que se coloque en medio del miedo y el objetivo que persigue. ¿Qué hay que hacer? ¿Pelear? No, ¿Huir? Tampoco. Lo que hay que hacer es tomar mayor altura. Pido un banco y lo ayudo a que se suba al banco. ¿Cómo se ve el miedo desde ese lugar? ¿Menor verdad? Esto es una analogía. ¿Qué necesita el alumno para tomar en la vida real esa altura? ¿Acaso necesitará trabajar su confianza, seguridad, capitalizar sus recursos, su red de apoyo? ¿Qué otras cosas necesitan? Suelo pedir también que le presentemos la silla o el banco al miedo para que diga cómo se ve desde allá arriba. El banco también lo puede ocupar el objetivo o meta que persigue, porque algunas veces necesitamos reforzar nuestros sueños para que crezcan tanto, que el tamaño del miedo sea menor.

¿Qué película o recurso recomendarías a tus alumnos para trabajar el miedo?

Sorpresa – Incertidumbre – Angustia

5. La sorpresa. La sorpresa en su lado luz nos da anticipación, despierta el asombro, elemental para detonar la curiosidad y la creatividad. En el lado sombra nos deja perplejos, envueltos en confusión e incertidumbre. En este caso podemos acompañar a nuestros alumnos a transitar de la extrañeza, la confusión y el desconcierto a la certeza a través de la confianza y la seguridad. Quizás recordarán estas emociones y sentimientos cuando nuestros maestros nos decían: "Mañana habrá examen y no diré sobre qué tema" o "Tomen una hoja que les dictaré una evaluación".

Algo importante para crear conciencia es que la sorpresa es una emoción básica y la vivenciamos con mucha regularidad en el día. No sabemos qué es lo que sigue y no podemos tener el control de todo lo que ocurre y ocurrirá a nuestro alrededor, por lo tanto, la confianza, la fe y la esperanza nos ayudan a mantenernos en tranquilidad.

El alumno en el ámbito escolar está expuesto además del miedo a grandes cantidades de angustia, incertidumbre y por lo tanto estrés, es importante dejar de normalizarlo y estar atentos a las reacciones emocionales y conductuales de nuestros alumnos para apoyarlos a gestionarlas. La ayuda del profesorado en la gestión emocional de los alumnos es fundamental porque previene afectaciones tanto físicas como emocionales, de igual manera no dejemos de vista que cuando el alumno "enferma" es un indicador no solo de su falta de gestión emocional sino de la falta de apoyo y las condiciones de su entorno, que también son dignas de análisis e intervención.

Las 6 emociones básicas seleccionadas por Darwin son (alegría, asco, ira, miedo, sorpresa y tristeza).

6. La vergüenza. La vergüenza es un sentimiento de pérdida de dignidad generado por una falta cometida o por la humillación o el insulto recibido. Es también un sentimiento de incomodidad causado por el temor a ser visto como ridículo ante alguien. La también conocida "pena" es el efecto emocional y psicosomático de una acción deshonrosa o injusta.

El biólogo Charles Darwin, en el siglo XIX, afirmó que la vergüenza se manifestaba mediante rubor facial, confusión mental, mirada baja, una postura descolocada y cabeza baja, y observó síntomas similares en individuos de diferentes razas y culturas, en el tratado sobre *La expresión de las emociones en el hombre y los animales*. Darwin, Charles (1872), *The expression of the emotions in man and animals*, Londres: John Murray (en inglés).

En el lado luz la vergüenza, es un indicador emocional para nuestro estudiante de que una de sus conductas ha sido inadecuada, de acuerdo con su código de valores o el de la sociedad en la que se desenvuelve, por lo que le ayuda a entrar en reflexión y realizar cambios. Lo anterior sucede cuando la vergüenza está acompañada de culpabilidad, pues es la culpa la que indica que en efecto hay algo que cambiar. Podemos sentir vergüenza incluso por cosas que nadie sabe, por lo que la vergüenza no es totalmente social sino un termómetro moral interno. La culpabilidad es un sentimiento de arrepentimiento y responsabilidad sobre los propios actos, mientras que la vergüenza es un sentimiento doloroso sobre uno mismo como individuo. La frontera entre la vergüenza y la culpa es casi invisible.

La timidez es una manifestación de altos índices de vergüenza. Es probable que el alumno haya sido o se haya sentido señalado, desaprobado de manera constante. Muchas veces no tiene que ver con la conducta y el trato de otros. Hay alumnos que tienen predisposición temperamental a sentirse infravalorados. Actúan con timidez por miedo a equivocarse, a no cumplir expectativas o ser enjuiciados. Tengamos esto presente: no hay ninguna llamada de atención pública que genere un cambio positivo en la vida de una persona. Cuando uno de nuestros alumnos haga algo que califiquemos inadecuado hagamos un llamado de atención, corrección o educación en privado. La exposición lleva a la vergüenza a niveles de humillación y es esta una antesala de la pérdida de la dignidad humana.

Debemos cuidar los niveles de vergüenza que un alumno experimenta cuando comete un acto fuera del orden moral, ético o social. Y digo cuidar porque este puede decantar en estragos de alto impacto para el alumno. No hay otros sentimientos, quizás, que más puedan afectar la vida de un estudiante como lo son la vergüenza, la culpa y el desamor. Un niño o adolescente que experimenta vergüenza o culpa puede hundirse en la autoacusación y autodesprecio en una espiral constante que mantenga toda su vida.

¿Cómo sería la vida de adulto de un niño o adolescente que se expone o es expuesto constantemente a las experiencias de culpa o de vergüenza?

Muchas veces el estado de turbación de la vergüenza puede ser por el juicio de otros, independientemente de la propia percepción del alumno. Estos juicios pueden venir del docente, padres de familia, sociedad u otros compañeros de escuela "debería darte vergüenza de no haber saludado a tu tía". Recuerdo que, estando en la secundaria, un día no tenía zapatos y me fui en chanclas para no perder las clases. Mis amigos me vieron y les pareció divertido y algunos opinaron que qué cómodo. Todo marchaba bien hasta que apareció en el pasillo la maestra responsable del orden y la disciplina. No solo me mostró que estaba faltando al código de vestimenta de la escuela, usó la frase *"¿Qué no te da vergüenza venir así a la escuela? De todos lo habría esperado menos de ti"*. Comprenderán que la experiencia de vergüenza y humillación ante los compañeros fue terrible. Por fin un día, estando en un ejercicio de liberación de resentimientos en psicología, pude liberar a la maestra de la cárcel que le había hecho en mi corazón.

El lado sombra de la vergüenza es la sumisión, la huida, la consideración de minusvalía e infravaloración.

7. El Amor. El amor en su lado luz, le da al alumno el alimento para su autoestima, aprobación y valoración. La autoestima, la autoaprobación, la autovaloración, el autorrespeto conforman el autoconcepto. El autoconcepto se alimenta de nuestra propia percepción, pero la autopercepción se nutre de las consideraciones que la sociedad tiene con el niño desde que nace. Es el trato de los padres, de la familia, de los maestros y los niños; los que darán vida a la fuente de la que se alimentará después la persona, para un día generar de manera propia todo el afecto y la valoración hacia sí mismo. El lado sombra del amor es la dependencia, es decir, que puede usarla como manipulación para sus propios beneficios. El amor debe ir acompañado de la autonomía, la autogestión, la interdependencia y la responsabilidad.

Trabajemos el amor como el aprecio genuino que podemos dar a nuestros alumnos. Promovamos el saludo de mano, el abrazo y el compañerismo siempre. Recordemos que el amor es considerado la necesidad psicoafectiva más importante en el ser humano y lo triste es que en muchos de los hogares hay padres que no lo recibieron, por lo que no lo pueden ni lo saben dar a sus hijos. ¿Será tarea del docente cubrir el afecto que los alumnos no reciben en casa? Quizás no la responsabilidad de cubrirlo, pero sí la de crear contextos afectivos sanos que nutran al estudiante y lo doten de sentido y propósito de vida.

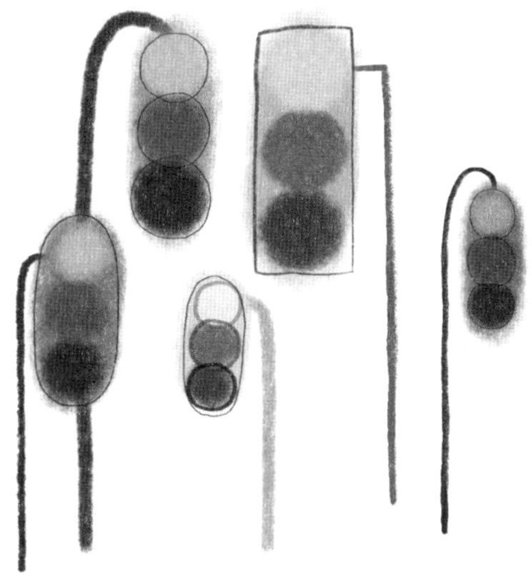

Actividad: El semáforo

El semáforo en la vida cotidiana nos sirve para hacer un alto, esperar y avanzar. Desde esa analogía aplicaremos el semáforo para apoyar a nuestros alumnos a lograr autocontrol.

¿Cómo aplicar el semáforo en estudiantes del nivel preescolar y básico?

En el nivel preescolar podemos diseñar un semáforo y colocarlo en un lugar visible. También podemos utilizarlo con los niveles 1, 2 y 3 del nivel básico.

El color rojo significa ALTO y refleja que el alumno presenta un estado de molestia, tristeza o miedo.

Si el alumno experimenta enojo o miedo es importante que aprenda a reconocerlo y expresarlo. Puedes pedirle al alumno que pase al frente y toque el color rojo con su mano. En seguida expresará su molestia, miedo o tristeza. Posteriormente le pediremos que toque con su mano el color amarillo.

El color amarillo significa PAUSA y representa que el alumno se está tomando un espacio para sentir y asimilar su experiencia emocional.

En el salón de clases podemos acondicionar un espacio, puede ser un banco o una mesa donde el alumno pueda sentarse (autoaislamiento) para asimilar y reflexionar sobre su experiencia emocional. Durante ese tiempo que puede variar según la necesidad del alumno, el resto de sus compañeros respetará su espacio y tiempo.

El color verde significa ADELANTE y representa que el alumno está listo para reincorporarse en las actividades.

Estar en el color verde significa que el alumno ya está en condiciones de hablar. En ese momento pueden ponerse de pie si lo desean y compartir con sus compañeros lo siguiente:

- ¿Qué me ha molestado?
- ¿Del 1 al 10 que tan molesto estaba?
- ¿Qué me ha hecho sentirme mejor?
- Puede aplicarse al enojo, para el miedo o la tristeza.

Podemos motivar a los padres para que diseñen e instalen un semáforo en la casa. Pueden también tener un espacio para la PAUSA, puede ser un lugar dentro del cuarto, la casa o el jardín.

¿Cómo aplicar el semáforo en estudiantes de nivel primaria?

Para los alumnos de nivel primaria en los grados de 4° a 6° podemos solo utilizar la ilustración del semáforo sin pedirles que pasen al frente a vivirlo. El alumno teniendo ya la experiencia del semáforo incorporada puede expresar, gestionar y superar estos sentimientos a través de puestas en común.

Para lograr que el alumno pueda darse esta libertad de expresar su sentir, podemos generar el acuerdo de que cualquiera que experimente una emoción o un sentimiento, puede solicitar un tiempo para que el docente lo apoye a gestionarlo. Lo haremos con esos tres pasos: ALTO, PAUSA Y AVANZA.

¿Cómo aplicar el semáforo en estudiantes de nivel secundaria?

Para trabajar el autocontrol en los adolescentes podemos aplicar el modelo C.R.E.O. para indagar y reflexionar sobre lo que ocurre. Aquí te doy un ejemplo sobre la gestión desde el autocontrol:

Autocontrol con método C.R.E.O.

C	CENTRAR	¿Qué es lo que me molesta?
		¿En qué parte del cuerpo siento esa molestia?
R	REFLEXIONAR	¿A qué se debe que eso molesta?
		¿Qué hay debajo de mi molestia?
E	ELEGIR	¿Qué puedo hacer para sentirme mejor?
		¿Qué otra cosa puedo hacer?
O	OPERAR	¿Qué es lo que haré para sentirme mejor?

Figura 13

Nombre completo del alumno:	
Escuela:	
Grado:	
Fecha:	
N.° de evaluación:	

AUTOEVALUACIÓN EMOCIONAL - AUTOCONOCIMIENTO EMOCIONAL

Competencias: Distinciones Emocionales y Conciencia Emocional

Califica con un número entre el 1 y el 10; donde 1 te sientes poco identificado en este momento de tu vida y 10 te sientes altamente identificado. Los conceptos para evaluar son fenómenos emocionales (emociones, sentimientos, estados de ánimo, cogniciones emocionales, actitudes); todos están relacionadas con descripciones para hablar sobre cómo nos sentimos. Puedes agregar la palabra que mejor defina tu emoción, sentimiento o estado de ánimo.

Emociones de valencia positiva:

N°	Fenomeno Emocional	1-10	N°	Fenomeno Emocional	1-10	N°	Fenomeno Emocional	1-10
1	Aceptado		19	Firme		37		
2	Admirado		20	Generoso		38		
3	Agradecido		21	Inspirado		39		
4	Alegre		22	Interesado		40		
5	Amable		23	Jubiloso		41		
6	Amoroso		24	Optimista		42		
7	Apreciativo		25	Orgulloso		43		
8	Armonioso		26	Paciente		44		
9	Asombrado		27	Pacífico		45		
10	Atento		28	Positivo		46		
11	Bondadoso		29	Realizado		47		
12	Compasivo		30	Reconocido		48		
13	Confiado		31	Receptivo		49		
14	Contento		32	Sereno		50		
15	Divertido		33	Tranquilo		51		
16	Empático		34	Valiente		52		
17	Entretenido		35			53		
18	Enternecido		36			54		

Figura 14

Emociones de valencia negativa:

N°	Sentimiento	1-10	N°	Sentimiento	1-10	N°	Sentimiento	1-10
1	Abandonado		29	Desesperado		57	Indiferente	
2	Abrumado		30	Desilusionado		58	Indignado	
3	Abusado		31	Desinteresado		59	Inquieto	
4	Afligido		32	Desorientado		60	Inseguro	
5	Agobiado		33	Desvalorizado		61	Iracundo	
6	Agresivo		34	Devastado		62	Irritado	
7	Ambicioso		35	Disgustado		63	Incómodo	
8	Amenazado		36	Enfadado		64	Inconforme	
9	Angustiado		37	Enfurecido		65	Indiferente	
10	Ansioso		38	Engañado		66	Melancólico	
11	Antipático		39	Enojado		67	Menospreciado	
12	Apenado		40	Entristecido		68	Miedoso	
13	Aterrado		41	Envidioso		69	Molesto	
14	Avergonzado		42	Espantado		70	Nervioso	
15	Celoso		43	Estresado		71	Nostálgico	
16	Cobarde		44	Evasivo		72	Melancólico	
17	Colérico		45	Excluído		73	Oprimido	
18	Confundido		46	Exhausto		74	Perdido	
19	Consternado		47	Fastidiado		75	Perezoso	
20	Culpable		48	Fracasado		76	Preocupado	
21	Decepcionado		49	Frustrado		77	Rechazado	
22	Defraudado		50	Hostil		78	Rencoroso	
23	Deprimido		51	Humillado		79	Repugnante	
24	Desanimado		52	Ignorado		80	Resentido	
25	Desaprobado		53	Impotente		81	Solitario	
26	Desconcertado		54	Incierto		82	Traicionado	
27	Desconfiado		55	Incómodo		83	Vigilado	
28	Desconsolado		56	Inconforme		84		

Figura 15

Competencia 4. Autoconfianza

El respaldo personal que alguien se otorga a sí mismo, sin depender de la confianza externa, proviene de su autoestima y se convierte en seguridad. La autoconfianza (creer que puedes) no es lo mismo que la autoeficacia (saber que sabes), aunque ambas están interconectadas. La autoeficacia refleja la inteligencia, la fuerza y las habilidades, y también refuerza la autoconfianza. Esta última es un acto de amor propio y fe que impulsa al éxito. El alumno, consciente de sus recursos internos y externos, enfrenta desafíos con optimismo, siendo el primero en darse apoyo, reconocimiento y confianza.

Para trabajar la autoconfianza en alumnos de nivel básico podemos considerar lo siguiente:

El docente habrá de fomentar en el alumno su capacidad de autogestión. Cuantas más decisiones pueda tomar el alumno, más incrementará su autoconfianza. La confianza es un banco donde se realiza un depósito a favor por cada decisión tomada. La manera de evitar el retiro del banco de la confianza es evitando la crítica y evitando marcar el desacierto como un fracaso. Cada vez que el alumno intenta algo y no le funciona, tiene una experiencia más de cómo no es la forma de hacerlo y tiene frente a él la oportunidad de probar de nuevo. Los padres, como los docentes, son los responsables de apoyar a incrementar sus depósitos de autoconfianza.

La autoeficacia se desarrolla impulsando la fuerza, la habilidad y las capacidades. Debemos evitar las comparaciones. Si resaltamos la rapidez con la que un alumno termina una actividad, estaremos mostrando al resto del grupo que no están a su altura. Cada alumno tiene sus propios tiempos para desarrollar una actividad y para aprender. Dar a cada uno el tiempo que necesita. Un animal que podemos relacionar con la autoconfianza es la tortuga terrestre. Este animal no es sinónimo de lentitud sino de perseverancia y constancia. Confía en la protección de su caparazón y aun teniendo menores recursos que otros animales suelen abrirse paso por el desierto, encontrar su alimento y llegar a los destinos que se traza.

Actividad: Reforzador de la autoconfianza

Benjamin Zander, director de la Orquesta Filarmónica de Boston, británico nacionalizado estadounidense, además un destacado conferenciante sobre temas de liderazgo, distinguido por crear contextos de bienestar para el aprendizaje de sus alumnos. Al iniciar el curso daba a sus alumnos un "sobresaliente" y les pedía que escribieran una carta explicando por qué se merecían esa distinción. Luego les encomendaba que añadieran en qué tenían que trabajar durante ese ciclo escolar para convertirse en esa persona. Los exhortaba a que se comportaran y trabajaran como esa persona "sobresaliente" que quieren ser.

Podemos tener en el aula de nivel básico un cubo, taburete o banco de madera, sólido y estable que nos sirva para realizar un ejercicio vivencial y reforzar la confianza. Lo podemos llamar el Reforzador de la Autoconfianza. El alumno se sube al taburete y expresa aquello que hará y para lo que requiere su confianza. Lo mismo para hacer una tarea, presentar una evaluación o enfrentarse a un desafío. Se trata de que el mismo alumno pueda darse frases de apoyo. También sus compañeros pueden contribuir dándole mensajes de apoyo: "Tú puedes", "Eres capaz", "Inténtalo". Debemos explicar que los principales mensajes son los que él se da a sí mismo y que los mensajes que recibirá de sus compañeros son "reforzadores sociales". Esta actividad la difundió Elsa Punset, divulgadora social en el programa Redes, de la televisión española.

Para trabajar la autoconfianza en los alumnos de nivel básico en secundaria, necesitamos gestionarlo en cada ocasión en la que el alumno dude de sus capacidades, habilidades, destrezas o competencias. Primero apoyarlo a discernir si su duda está en no contar con los recursos para lograrlo o con la confianza en sí mismo para hacerlo. Apoyarlo a construir confianza en las dos líneas, en los recursos que tiene o puede tener (autoeficacia) y la confianza que puede depositarse sabiendo que si algo no funciona puede intentarlo de nuevo.

El semáforo en la vida cotidiana nos sirve para hacer un alto, esperar y avanzar. Desde esa analogía aplicaremos el semáforo para apoyar a nuestros alumnos a lograr autocontrol.

Competencia 5. Autonomía de pensamiento

La capacidad de una persona para pensar de manera libre y responsable, guiándose por su propio criterio sin verse influenciada por la opinión o los deseos de otros, se conoce como autonomía. Esta constituye la base de la interdependencia (Maslow, 2012). El alumno, acorde a su edad, ejerce autonomía en su pensamiento para posteriormente ejercer la autonomía de acción (autogestión). Gracias a su autoestima, autoconfianza y seguridad personal, establece relaciones afectivas y sociales. Además, toma decisiones de manera libre y responsable, considerando diversas perspectivas, pero manteniéndose fiel a su autonomía de pensamiento. La libertad es un elemento fundamental en el proceso de la autogestión.

Sobre la libertad, María Montessori (2004), médica y educadora italiana, afirmaba:

> *"Nadie puede ser libre a menos que sea independiente; por lo tanto, las primeras manifestaciones activas de libertad individual del niño deben ser guiadas de tal manera que a través de esa actividad el niño pueda estar en condiciones para llegar a la independencia".* (p. 116).

¿Qué necesitamos los padres y los docentes para fomentar la independencia en los alumnos? Esta será la pregunta que el docente se habrá de hacer constantemente: ¿Qué podré hacer yo como docente hoy, para que mi alumno logre mayor libertad, autonomía y crezca en autogestión?

En preescolar el propósito de la autogestión no entra en conflicto con el desarrollo de la disciplina y el orden. El alumno puede trabajar su autonomía y autogestión sin desatender la disciplina, solo que esta habrá de ser positiva, poniendo nuestra atención como docentes en lo que sí hace, sí funciona y sus reforzadores, más que en lo que no hizo, que está mal y cuáles serán las consecuencias.

Promueve el respeto del desarrollo natural de cada alumno. Cada alumno tiene su forma y su tiempo para desarrollarse. Si respetas este principio, el niño y el adolescente se desarrollarán con naturalidad.

El respeto que le demos al crecimiento natural del niño le permitirá desarrollar sus habilidades al tiempo que crecerá en autonomía y autoestima.

"Donde no se verifican los caracteres de regresión, el alumno presenta tendencias que apuntan clara y enérgicamente a la independencia funcional. Entonces el desarrollo es un impulso hacia una independencia siempre mayor, se asemeja a la flecha que, lanzada por el arco, vuela recta, segura y fuerte. La conquista de la independencia comienza con el primer inicio de la vida; mientras el ser se desarrolla, se perfecciona a sí mismo y supera cada obstáculo que encuentra en su camino; el individuo posee una fuerza vital y activa que lo guía hacia su evolución. Esta fuerza ha sido denominada por Percy Nunn: "Horme".

"... Esta fuerza vital de evolución estimula al niño hacia actos diversos y, cuando ha crecido normalmente, sin hallar obstáculos en su actividad, se manifiesta lo que denominamos 'alegría de vivir'. El niño siempre es entusiasta y siempre está feliz". (Montessori, 2004. pp. 115-116).

Actividad: fomento de la autorreflexión y el pensamiento crítico

1. Ofrecer alternativas a los niños y adolescentes para que tomen decisiones y elecciones, de acuerdo con su edad.
2. Antes de ofrecer respuestas a sus preguntas, indagar qué ideas tienen, qué ya han visto o cómo se les ocurre que puede ser o hacerse. Esto fomentará su capacidad de resolver por sí mismos sus cuestiones.
3. Si las respuestas no son aproximadas compartir lo que tú sabes y no necesariamente cómo son las cosas y exhortarlos a que sigan preguntando.
4. Fomentar su pensamiento crítico pidiendo constantemente sus puntos de vista sobre lo que otros piensan u opinan.
5. Dar constantemente espacio para que tomen decisiones personales y únicas. Ejemplo: "Esta actividad de tarea, la realizarán solo los alumnos que quieran y decidan hacerla". "Colorea este dibujo con los colores que tú quieras". En los adolescentes "Esta actividad puedes hacerla en el tipo de narrativa que tú elijas".

Competencia 6. Automotivación

La automotivación es la habilidad de darle significado y propósito a lo que hacemos, funcionando como el impulso diario que nos lleva a alcanzar tanto metas tangibles como intangibles. Consiste en proporcionarse a uno mismo las razones, el entusiasmo y el interés necesarios para actuar de manera coherente con los objetivos propuestos. Cuando esos objetivos tienen un "para qué" fuerte y convincente, surge la autodeterminación. El alumno es capaz de generar la energía vital que lo impulsa constantemente hacia la resolución de problemas y el logro de sus metas. Aunque valora las motivaciones externas, su prioridad es actuar en función de sus propios "para qué" y las recompensas que obtendrá por sus logros. Para automotivarse, combina voluntad, interés y responsabilidad.

Trabajemos la automotivación en nuestros alumnos ayudándolos a que ellos mismos se den las razones, el entusiasmo e interés para impulsar sus acciones y comportamientos congruentes con los objetivos enfocados.

Actividad: identificar las automotivaciones

Si el alumno está en período de evaluaciones podemos preguntarles y pedirles que escriban en su cuaderno de notas u ordenador:

¿Cuáles son las razones que los entusiasma a prepararse para la evaluación? Algunos podrán tener razones o motivos de ganancia como: obtener buenas notas, mostrar sus aprendizajes, lograr reconocimiento de los padres, avanzar, cumplir, etc. Otros alumnos tendrán motivaciones de no perder, por ejemplo: no reprobar, no tener desaprobación de los padres, no tener una consecuencia en casa, etc. Ayudarlos a identificar sus razones, nos permitirá apoyarlos a gestionarlas. Si tienen motivaciones "de ganancia", podemos intervenir para potenciarlas llevándolos a visualizarse en el logro, si sus motivaciones son de "no perder" necesitaremos primero indagar en cuáles podrían ser las motivaciones dichas en positivo, es decir, ¿qué van a lograr?

Competencia 7. Autogestión

La capacidad de una persona para resolver sus problemas y satisfacer sus necesidades de manera independiente, sin caer en la dependencia ni la codependencia, refleja su habilidad para actuar de forma interdependiente, basada en la libertad y la responsabilidad que le confiere la autonomía de pensamiento. El alumno, frente a los retos diarios, demuestra esta capacidad y habilidad, adoptando una actitud flexible y adaptable. Aborda la resolución de problemas de manera apreciativa y proactiva, mostrando confianza en su capacidad para encontrar soluciones efectivas.

Para entrenar en autogestión debemos considerar que se trata de una formación integral, pues la acción irá acompañada de confianza por nuestra parte, autoconfianza por el propio alumno, responsabilidad mutua que significa "si hay un error" lo veremos como una manera en la que no funciona y lo intentarás de nuevo, además de que si hay algo que resolver contarás conmigo como docente.

Por otra parte, la supervisión debe estar presente y la frecuencia de la supervisión dependerá de la necesidad de cada alumno, la tarea a realizar y el nivel de autoconfianza y autogestión que está logrando.

Es necesario hacer conciencia de que para lograr mayor autonomía y autogestión se requiere confianza y soltar el control de mando y obediencia. El alumno necesita pensar y detonar su creatividad.

Abraham Maslow escribió en su libro *La amplitud de la naturaleza humana* (pág. 134 Editorial Trillas):

"De esta manera, las psicologías del ser y del llegar a ser pueden reconciliarse, y el niño, siendo simplemente él mismo, puede, sin embargo, avanzar y desarrollarse". Esto suena muy parecido a la "causa final" de Aristóteles, o Telos, el producto final en el mismo sentido en que la bellota que es hoy, tiene dentro de su naturaleza al roble que será algún día. (Este es un truco porque es nuestra tendencia antropomorfizar y a decir que la bellota está "tratando" de crecer. No lo está. Está simplemente "siendo" un infante).

En este sentido vemos que el alumno tiene, como la bellota, en su interior todo el potencial para convertirse en un majestuoso roble. Será nuestro acompañamiento parte de los recursos que necesita para detonar su crecimiento, día a día y en cada aprendizaje, mientras es y sigue siendo un infante.

Tuve la oportunidad de conocer a Tim Gallwey, considerado "Padre del Coaching Moderno", a quien invité a dar un taller para un grupo de coaches que se congregaron en la ciudad de Monterrey en el mes de marzo del 2017. No solo lo invité por ser considerado Padre del Coaching y lo que esto representaba para nuestra escuela y la experiencia para los coaches, lo hice porque considero que Tim Gallwey ha recordado a la educación moderna la importancia de permitir que el alumno logre mayor autonomía y autogestión, tal como lo hiciera María Montessori a finales del siglo XIX y principios del siglo XX.

Tim publicó el libro *El juego interior del tenis* en 1972, ya desde 1960 era capitán en la Universidad de Harvard del equipo de tenis y entrenador de tenistas. Tim (2015) se dio cuenta que sus instrucciones funcionaban como una orden de "control y mando" que solo interfería en el aprendizaje de sus alumnos y afectaba su desempeño. Entonces eligió ayudarlos a aprender en lugar de enseñarlos. Lo primero que se planteó al cambiar su metodología fue considerar el aprendizaje natural de los niños.

El niño aprende a caminar o andar en bicicleta por observación y a través del ensayo. Usó también el recurso de las preguntas tal como lo hacía Sócrates para apoyarlos a darse respuestas a sus propias preguntas y que aprendieran de sus propios ensayos. Tim también notó que los jugadores tenían interferencias que disminuían la efectividad en sus resultados, no solo las externas, sino también las internas de su propia mente. Ese juego interior que el jugador o el estudiante tienen en la cabeza lo dividió en dos partes: El "yo" número 1 (*Self 1*) es el nombre que le dio al ego mental consciente que le gusta decir constantemente al "yo" número 2 (*Self 2*) cómo tiene que hacer las cosas. Los alumnos aprenderán mejor si los apoyamos a disminuir las inferencias que nacen del "yo 1". Esas interferencias pueden ser: "No soy bueno para las matemáticas", "Haré el ridículo", "No soy un buen alumno". Si los alumnos logran armonía entre los dos "yoes", pueden tener mejores resultados (Gallwey, 2015).

Actividad: juego interior de la mente

¿Cómo lograrlo?

Invitar al alumno a que escriba en una columna del lado derecho todos los pensamientos positivos, recursos, cualidades que tiene para lograr algo. Del lado izquierdo anotará todos los pensamientos, ideas, juicios propios y ajenos que interfieren como malos consejeros. Ya que se tienen escritos los dos le pediremos que diga: A pesar de que pienso que ... y expresa todo lo que escribió en el lado izquierdo, pienso que: y narra todo lo que tiene del lado derecho.

Ejemplo: "A pesar de que pienso que no soy bueno en matemáticas, daré mi mejor esfuerzo".

Se trata también de mostrarle que en la vida y en todos sus ámbitos, cada vez que quiera lograr algo tendrá esos pensamientos del "yo 1" que buscarán interferir con los propósitos del "yo 2" y que dependerá de él superarlos.

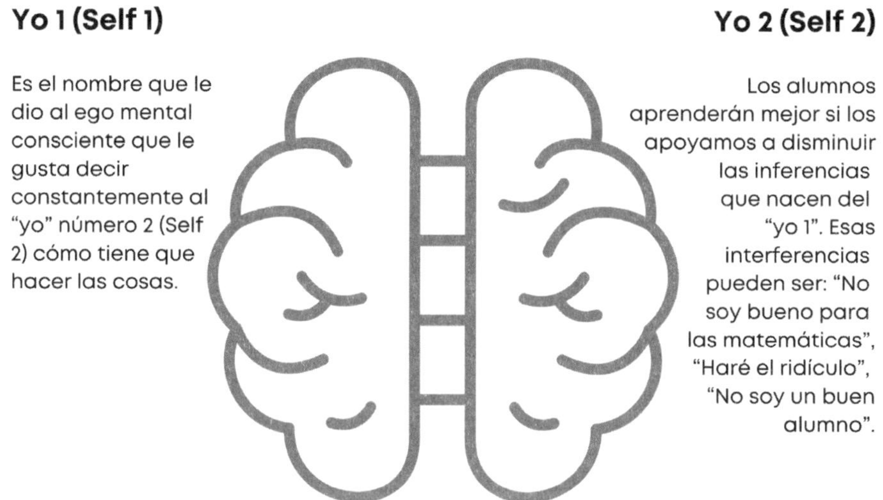

Figura 16

Tim (2015) nos ha regalado una fórmula: Rendimiento = Potencial – Interferencias. Si los alumnos disminuyen sus interferencias se incrementará el potencial y los resultados serán mejores. Al final se trata de permitirles elevar su autoconfianza, creatividad, dejar de llenarlos de instrucciones y ser más un facilitador del aprendizaje que un "maestro". Esta es la clave principal de la necesidad de transformación de los maestros, docentes y profesores en el mundo. Necesitamos apoyar a los alumnos a que aprendan en lugar de enseñarlos. ¿Estás dispuesto a dejar de ser "maestro" y convertirte en un facilitador de aprendizaje? Bienvenido a la nueva educación del siglo XXI.

Competencia 8. Autodeterminación

La autodeterminación es la capacidad de una persona para mantenerse firme en la acción que surge desde su autonomía de pensamiento y su capacidad de autogestión, sumando el poder y la libertad de tomar las riendas de su propia vida. Una persona autodeterminada se mantiene con intención en el camino hacia sus objetivos, superando desafíos y adversidades. El alumno, al poseer esta capacidad, utiliza su automotivación como motor, pero necesita de la determinación para no rendirse en momentos difíciles. Es la autodeterminación, junto con el coraje, la disciplina, la constancia, la perseverancia y la resiliencia, lo que le permite alcanzar sus metas.

En la medida que un alumno crece en autoestima, autocontrol y autoconfianza crecerá automotivado y en autodeterminación. El alumno, cuando trabaja su autodeterminación se dota de una energía que mueve el motor de sus iniciativas. Un animal que podemos relacionar con la autodeterminación es el rinoceronte. El rinoceronte es un mamífero de piel extremadamente gruesa y resistente. Cuando un rinoceronte se enfoca en un objetivo, pone toda su fuerza y empuje en la dirección de lo que busca. El rinoceronte será un animal que podemos incluir en los aprendizajes de la autodeterminación. Si nuestro alumno cuenta con un bajo nivel de autodeterminación, es decir titubea a la hora de leer, pasar al frente en el salón o participar en cualquier actividad que le represente reto, podemos pedirle que traiga a su mente la imagen, la fuerza y el enfoque de un rinoceronte y hacer lo que tiene o se ha planteado hacer.

Habrá que cuidar que el alumno en la búsqueda de sus objetivos no atropelle a otros en nombre de la autodeterminación. Podemos mostrarle que en las competencias interpersonales la responsabilidad y la empatía, son valores que nos recuerdan la importancia de ser ecológicos en la búsqueda y alcance de objetivos.

Actividad: dinámica de la autodeterminación

Con los alumnos de primaria podemos realizar dinámicas de empoderamiento de la siguiente manera:

De forma individual, cada alumno pasa al frente a expresar sus motivos para cumplir la meta que se ha propuesto. No siempre las metas van a ser académicas, también pueden ser metas personales. Una vez que el alumno pasó a compartir su meta y las motivaciones que tiene para alcanzarla, vamos a reforzar la automotivación y la autodeterminación con el reconocimiento y empatía social del grupo. Esta empatía puede manifestarse con un aplauso o cualquier forma de apoyo para el alumno.

Con los alumnos de secundaria puede aplicarse la misma dinámica tanto individual como de apoyo. Podemos agregar el uso de la música. ¿Qué pieza musical o canción podría ser motivante para esta dinámica?

Competencia 9. Autorrealización

La autorrealización surge del desarrollo del potencial propio y representa uno de los puntos más altos del esfuerzo humano, donde se alcanza el logro, el éxito o el triunfo. Es la acción del individuo lo que lo guía hacia la celebración de sus logros. Aunque la felicidad también se encuentra en el camino y la actitud con la que se avanza, el logro sigue siendo una fuente significativa de este estado (Maslow, 1973). El alumno construye su autorrealización día a día mediante pequeños logros que reflejan sus capacidades, intereses y preferencias. El reconocimiento personal es esencial para que se sienta digno y valioso, independientemente de los éxitos que alcance.

Abraham Maslow escribió algunas nociones acerca de las características, tanto del ser humano plenamente desarrollado como del ser humano en pleno desarrollo. En la página 241 del libro *El hombre autorrealizado. Hacia la Psicología del Ser* (Kairós) se mencionan las características de los humanos saludables:

- Una percepción más clara y eficiente de la realidad.
- Mayor apertura a la experiencia.
- Mayor integración, cohesión y unidad de la persona.
- Mayor espontaneidad y expresividad, pleno funcionamiento, vitalidad.
- Un yo real; una identidad firme; autonomía, unicidad.
- Mayor objetividad, independencia, trascendencia del yo.
- Recuperación de la creatividad.
- Capacidad de fusión de lo concreto y lo abstracto.
- Estructura de carácter democrática.
- Capacidad amorosa.

La autorrealización está compuesta también por «experiencias cumbre», como las denominó Maslow, son momentos de profundo amor, entendimiento y felicidad, que permiten a la persona sentirse más completa, viva y autosuficiente. Una persona autorrealizada es más consciente de la verdad, la justicia, la armonía y la bondad. Una persona autorrealizada está en metamotivación.

Desde el preescolar hasta el nivel universitario, conviene promover en el alumno esté en paz con el pasado, en aceptación con el presente y en esperanza con el porvenir. En paz con el pasado apoyándolo a sanar los resentimientos que pueda tener o acumular hacia la relación con sus padres o familia; en aceptación con el presente apoyándolo a aceptar lo que puede cambiar y diferenciarlo de lo que no está en sus manos cambiar. Acompañándolo con técnicas para la generación de hábitos saludables que le permitan disfrutar el aquí y el ahora y generar esperanza hacia el porvenir haciéndolo partícipe del diseño de futuro.

Actividad: coaching

Apoyar a los alumnos de todos los grados a fijarse metas y trabajar en el logro de estas.

El coaching es una disciplina que ayuda a las personas a alcanzar metas y objetivos para elevar el bienestar y mejorar la calidad de sus vidas. Esta práctica se diferencia de la psicología porque no trabaja con materia inconsciente, ni la interpretación de sueños, ni problemas conductuales, ni patologías o enfermedades de la mente. El coaching se acota como metodología en una avenida de dos carriles: en un carril está la necesidad de las personas por alcanzar metas y objetivos; en el adulto podría ser comprar una casa, lograr un ascenso de puesto; en el alumno aprobar una materia, desarrollar una competencia musical, o lograr que sus padres lo apoyen con un campamento de verano.

En el otro carril está el desarrollo de la autogestión, pues el coaching debe procurar en el proceso conversacional dar el protagonismo al alumno para que sea él quien en la conversación elija el tema a alcanzar, reflexione, diseñe opciones y se conduzca a la acción. Este proceso conversacional dota entonces al alumno de mayor capacidad reflexiva, toma de decisiones y poder creativo. El objetivo del coaching está en que una persona logre mayor autonomía y autogestión y alcance mayores niveles de autorrealización y trascendencia.

Si bien el docente podría tomar una formación específica en coaching, también puede adquirir distinciones de manera práctica que le permita acompañar a los alumnos a fijarse metas y alcanzar objetivos.

Para aplicar el coaching con los alumnos, les proponemos apoyarse en el **Método C.R.E.O.**, un modelo de mi propia autoría basado en el **Modelo GROW**, una de las herramientas más ampliamente utilizadas en el ámbito del coaching y que fue desarrollado inicialmente por Graham Alexander en la década de 1980, pero alcanzó mayor popularidad gracias a la difusión realizada por John Whitmore (2011) en su obra **Coaching for Performance**.

El método CREO propone un enfoque estructurado para guiar a las personas, en este caso estudiantes, hacia la consecución de objetivos a través de una serie de pasos definidos que promueven la reflexión y la toma de decisiones conscientes:

1. **Centrar**

   En esta etapa le pediremos a nuestro alumno que elija una meta u objetivo que quiera alcanzar o defina un problema que quiere resolver. La meta será objetiva, medible y alcanzable. Preguntaremos por las motivaciones que tiene para lograr su meta u objetivo.

2. **Reflexionar**

   En esta etapa lo apoyaremos con preguntas para que reflexione sobre:

   - Los recursos tangibles e intangibles que tiene a su favor.
   - Lo que ha hecho a favor del objetivo que persigue.
   - Explorar las interferencias (creencias) que piensa que le impiden lograr el objetivo.
   - Explorar el cómo sí lograr el objetivo para que encuentre sus motivaciones.

3. **Elegir**

   En esta etapa apoyamos al alumno a que detone su creatividad para idear formas en las que va a resolver su problema o alcanzar la meta que se ha propuesto. Para acompañarlo a elegir tomemos en cuenta lo siguiente:

- Preguntar sobre las ideas que tiene para resolver su problema o alcanzar su meta.
- Explorar si alguna de esas ideas ya la había llevado a cabo y cuáles son los resultados.
- Visualizar el futuro para ver cuál de las ideas es la más apropiada.
- Definir de todas las ideas cuál es o cuáles son las que va a poner en la práctica.

4. Operar

En esta etapa apoyaremos al alumno a que tome decisiones que lo aproximarán al cumplimiento de su meta. Considerar:

- Que la idea o las ideas de solución sean medibles y alcanzables.
- Que establezca las acciones puntuales que lo llevarán al logro de su objetivo.
- Preguntar qué apoyos necesita y de quiénes.
- Acordar el seguimiento que necesita o se le dará para monitorear su avance.

Tenemos la gran posibilidad de generar en los alumnos la cultura de la orientación a las metas y los objetivos no como algo que "tienen" que hacer, sino como un axioma humano, es decir la naturaleza humana está siempre en el presente y evolucionando al futuro. De esta manera la naturaleza está en el invierno transitando día a día a la primavera. Nuestros alumnos están en el preescolar y mientras disfrutan del presente, se preparan para ingresar a la primaria y así sucesivamente en un proceso natural de vida. Si bien es importante disfrutar de la espontaneidad de la vida, también conviene trazar una ruta de vuelo, diseñar una carta de navegación y fijar la vista en aquello que quieren lograr, aprendiendo al mismo tiempo a disfrutar del camino.

Competencia 10. Autotrascendencia

La autotrascendencia es la sensación personal de estar contribuyendo a la familia, la sociedad o el mundo, de acuerdo con los objetivos que cada individuo se plantea como el propósito final de su ser, hacer y tener. Representa la satisfacción máxima que acompaña el logro, ya que, aun cuando una obra física o intangible desaparezca, su significado y aporte permanecen (Maslow, 1973). La autotrascendencia no es solo algo que se experimenta al final de la vida sino una cúspide que se conquista a lo largo de nuestra existencia. El alumno buscará dejar una huella auténtica al compartir lo mejor de sí mismo con los demás. Su perspectiva es inclusiva, solidaria y orientada al progreso. La autotrascendencia es el objetivo final detrás de sus estudios, proyectos y la vida misma. Cada alumno, en función de su cultura, creencias y autonomía, tendrá un propósito distinto que merece ser respetado y apoyado.

Para el psiquiatra y neuropsicólogo Kurt Goldstein, (Katowice, 1878-Nueva York, 1965) la autorrealización se da en el desarrollo del potencial del propio individuo, la expresión de la propia creatividad, la búsqueda de la iluminación espiritual, la búsqueda del conocimiento y el deseo de darle a la sociedad. Este último elemento "darle algo a la sociedad" es la base de la autotrascendencia. Trascender significa ir más allá. Es poner todas las virtudes al servicio propio y de los demás. Las personas que buscan la autotrascendencia no solo logran la autorrealización personal, sino que también apoyan a otros a lograr esas máximas experiencias. Trascendemos en la medida en que heredamos o dejamos un legado al mundo. ¿Qué vas a aportar al mundo? ¿De qué manera beneficiará? ¿A quién o a quiénes beneficiará?

Actividad: Tablero de visión o visionboard

Para apoyar a los alumnos a la trascendencia puedes considerar esta guía:

- Que definan sus valores y revisen la jerarquía en la medida que van creciendo.
- Que diseñen una misión de vida, respondiendo a la pregunta: ¿Qué voy a aportar a la sociedad del mundo en el que vivo?
- Que diseñen una visión de vida, respondiendo a la pregunta: ¿Qué quiero lograr en los próximos 5 y 10 años de mi vida? ¿Cómo me visualizo siendo un adolescente? ¿Cómo me visualizo siendo un joven? ¿Cómo me visualizo siendo un adulto?

Una vez realizadas la definición de valores, misión y visión los alumnos pueden diseñar su Tablero de Visión con el objetivo de que tengan a la vista el destino que se trazarán para el ciclo escolar. Esta actividad la sugiero para el inicio de clases, pero puede ser realizada al final o en cualquier otro momento.

El alumno llevará al salón revistas, una cartulina, pegamento, colores y cualquier otro elemento con el que quiera decorar su tablero.

Contextualizar que el tablero de visión es una actividad que les permitirá bajar de sus mentes a la cartulina todas las ideas, deseos, proyectos y objetivos que se van a trazar. Buscarán en las revistas las imágenes que representen esos sueños, metas y objetivos. Recortarán y pegarán las imágenes en la cartulina. Enseguida escribirán a un lado de cada imagen la descripción del objetivo a lograr y los tiempos en los que quieren alcanzarlos. También agregarán la trascendencia de cada uno de ellos y para eso se preguntarán ¿Qué propósito tiene para mí y para otros el que yo logre este objetivo?

6

Actividades de apoyo para la Gestión Emocional

Competencias Interpersonales del modelo emores®

METACOMPETENCIAS INTERPERSONALES

Competencia 11. Empatía

Es la capacidad de percibir y asimilar (sentir y comprender) (emocional y cognitiva) lo que otro vive. La palabra empatía proviene del griego empatheia, que significa "sentir dentro". Es una participación afectiva de una persona hacia la otra en sus sentimientos. De la empatía surgen: La aceptación, el agradecimiento y el reconocimiento. Incluye la habilidad para reír, divertirse, llorar o manifestar las emociones.

La empatía es vital para el desarrollo social de nuestros alumnos. Sin la empatía, el alumno tendrá dificultades para relacionarse con los demás, viéndose afectadas sus futuras relaciones. Hay niños y adolescentes que tienen comportamiento introvertido y otros un comportamiento extrovertido. No han decidido conscientemente ser así, se trata de condiciones del temperamento y la forma en la que han aprendido a interrelacionarse.

Empieza primero siendo un rasgo de su temperamento natal, pero con el tiempo pueden realizarse ciertos ajustes de acuerdo con las experiencias de convivencia. Quien tiene preferencia por estar solo, trabajar de manera individual y evitar la exposición social, seguirá este patrón durante toda su vida con un cierto margen de cambio. Quien tiene preferencia desde temprana edad por estar acompañado, trabajar en equipo y relacionarse con facilidad, difícilmente perderá esta forma de relacionarse a menos que en la práctica de la vida acumule experiencias que detonen su necesidad de cambio.

Tenemos entonces dos polos: la extroversión y la introversión. No obstante, al tipo de temperamento y el carácter que el alumno se vaya forjando, o la forma que prefiera para su vida social, podemos contribuir a crear contextos adecuados de convivencia para que pueda relacionarse con otros en la medida que lo quiera, lo desee y le convenga. No podemos forzar la socialización, solo podemos crear el contexto adecuado. Habremos de estar al pendiente para evitar el rechazo, la discriminación y todo acto de segregación o bullying.

La empatía se puede desarrollar en la medida en que el alumno crece en autoconocimiento, autoconfianza y seguridad personal. Un alumno con seguridad en sí mismo podrá relacionarse de manera adecuada con los demás y ser empático en las necesidades propias y en las de los otros.

Los ejercicios que podemos hacer para generar empatía son aquellos en los que involucremos a todos en la necesidad de uno. Forjada la empatía podemos ascender a la colaboración y la solidaridad.

¿Cómo trabajar la empatía?

Actividad: Círculos de conversación

Procura realizar círculos de conversación en el que invites a los alumnos a hablar de sus vidas. De la relación que tienen con sus padres, las mascotas que tienen y lo que sucede en su día a día. Toda escuela debería dedicar al menos una hora diaria a la conversación colectiva.

En el preescolar y la primaria puedes hacer los círculos de conversación sentados en el piso. Los mismos alumnos pueden elegir el tema conversacional. Algunas veces como docente podrás sembrar el tema. Por ejemplo: *"El papá de Mariano ha perdido su empleo. Por eso Mariano no pudo concentrarse para hacer su tarea y hoy ha llegado a clases preocupado". Vamos a hacer un círculo de conversación en el que cada uno comparta a lo que se dedican mamá y papá profesionalmente, cómo esto contribuye a nuestro bienestar y lo que ocurriría si ellos perdieran su empleo u ocupación"*. De esta forma vamos a generar la empatía que significa "ponerse en la situación emocional del otro". Una frase que podemos usar a manera de mantra es: Te veo, te escucho, te comprendo y estoy contigo.

¿Qué ejercicios, dinámicas o juegos se te ocurre diseñar para trabajar estos elementos que propongo como integrales de la empatía?

- Aceptación. Aceptar la legitimidad del otro con su particular forma de ser y actuar.
- Agradecimiento. Manifestar la gratitud a la otra persona.
- Reconocimiento. Reconocer las cualidades, competencias, logros y virtudes.
- Perdón. Ofrecer y aceptar disculpas sobre errores y daños.

Competencia 12. Comunicación efectiva (incluye asertividad)

Capacidad para expresar sentimientos, ideas y opiniones de manera objetiva, separando hechos e interpretaciones. Sin ser agresivo ni pasivo. Hablando con la verdad y en honestidad. Esta capacidad objetiva de comunicación implica que la persona es capaz de separar las interpretaciones y juicios de los hechos. Puede segregar emociones de datos, evaluar el rol desde el cual se comunica y se comunican los otros. Es impecable con sus palabras y capaz de distinguir distorsiones cognitivas y otros contaminantes de la comunicación, lo que le permite asertividad y efectividad.

La comunicación efectiva ayudará al alumno a mejorar sus relaciones interpersonales. A continuación, enlistaré los temas más importantes a desarrollar para educar a nuestros alumnos en comunicación asertiva.

1. El uso de las afirmaciones. ¿Qué es una afirmación y cómo se sustenta?
2. Diferenciar las afirmaciones de nuestros propios juicios.
3. Formular peticiones de manera oral para transmitirle a otras personas nuestras necesidades.
4. Aceptar las peticiones de otras personas y los compromisos mutuos que se generan.
5. Aprender a crear acuerdos con las garantías que se piden y las expectativas que se cumplirán.
6. Formular ofrecimiento de disculpas cuando hemos cometido un error o incumplido un acuerdo.
7. Comunicar en positivo para transmitir no solo lo que no queremos o en lo que no estamos de acuerdo, sino aquello que pensamos y lo que sí queremos.
8. Hablar en primera persona cuando el alumno se refiere a sí mismo para generar responsabilidad.
9. Aprender a decir que no y fijar límites firmes.
10. Aprender a decir que sí y con el compromiso además de la responsabilidad que implica.

Mucho apoyaremos a nuestros alumnos si logramos que incorporen estas palabras en su lenguaje diario:

- Gracias
- Lo siento
- Discúlpame
- Necesito o Requiero
- Sí, acepto
- No, gracias

Actividad: Persona asertiva

Podemos colocar en el salón de clases la figura de un niño y colocar en él valores, actitudes, virtudes y comportamientos socialmente asertivos, como: firmeza, lealtad, humildad, paciencia, valentía, resiliencia, amabilidad, colaboración, solidaridad y asertividad.

También podemos colocar la figura de un niño con sentimientos, actitudes y conductas socialmente no asertivas, como: terquedad, arrogancia, envidia, rabia, egoísmo, desprecio, cinismo, indiferencia, intolerancia, antipatía y rebeldía.

Competencia 13. Responsabilidad

Asume el compromiso con lo declarado. Sabe diferenciar la culpa de la responsabilidad. Es capaz de crear conversaciones generativas. Sabe fijar límites con firmeza.

Aquí está lo que los alumnos requieren de nosotros. Vamos a desglosarlo:

a. Asume el compromiso con lo declarado

Lo apoyaremos pidiéndole que dé una versión responsable cada vez que incumple con un acuerdo. No hace falta regañarlo. Solo necesitamos confrontar el compromiso con lo declarado. Si el alumno se esconde en excusas o culpabilizando a otros, le mostraremos que está evadiendo la responsabilidad.

b. Sabe diferenciar la culpa de la responsabilidad

La culpa es el juicio sobre una falta o un delito voluntario o involuntario. Si un niño de preescolar rompe las crayolas de uno de sus compañeros es culpable del acto. La responsabilidad es la virtud de dar solución. Hay cosas de las que no somos culpables, pero si responsables. Imagina que les pides a tus alumnos que junto contigo salgan a recoger papeles al patio. Tu alumno podría decir: "Maestro no somos culpables de que los papeles estén tirados. Fueron los alumnos del sexto grado". A lo que podrías responder: "Es cierto, ellos son culpables de tirar los papeles, pero todos somos responsables de mantener la escuela limpia".

c. Es capaz de crear conversaciones generativas

Las conversaciones generativas refieren a la posibilidad que tenemos de crear conversaciones del cómo sí y del cómo no. Ejemplo 1: "Maestro no tengo hojas blancas en casa para hacer la práctica". Posible respuesta del maestro "¿Y cómo lo vas a resolver?". Ejemplo 2: "No sé cómo resolver esa ecuación". R: "¿Qué parte de la operación sí sabes?". Es necesaria la mirada apreciativa para crear en nuestra mente y con otros las conversaciones generativas. Se trata de tomar la responsabilidad de encontrar soluciones a los problemas diarios.

d. Sabe fijar límites con firmeza

La responsabilidad está en el Sí, pero también está en el No. El alumno necesita aprender a decir que no y fijar límites con sus compañeros, pero también con nosotros como maestros. Permitirles fijar los límites les forjará su carácter, les permitirá crear autoconfianza y autonomía. Ya no vivimos en la era del mando y la obediencia. Hoy mismo las organizaciones necesitan profesionales pensantes, con iniciativa y autogestión. Son las mismas características para el emprendedor y toda persona que busca abrirse camino en esta nueva etapa de la humanidad.

e. Gestión del cambio

El alumno asume la responsabilidad y la adaptación al cambio. Es el alumno responsable de crear, aportar y colaborar en los sistemas en los que se desenvuelve, tanto familiares, escolares y sociales. Habrá de comprender que no hay manera de quedar fuera del cambio permanente. Todo el tiempo está eligiendo. Elige cuando toma decisiones y cuando no las toma y deja que otros lo hagan por él o ella. Vivimos en tiempos de cambios y todos somos responsables de la coparticipación. En esta tarea estamos también los maestros, padres, autoridades y todos los sistemas sociales.

Actividad: responsabilidad

Cuando un alumno presenta una excusa, motivo o razón, preguntamos: "¿Cuál es tu parte responsable?". Si el alumno dice por ejemplo: "No hice el ejercicio porque se me olvidó". Preguntamos "¿Cuál es tu versión responsable?". La respuesta podría ser: "No me aseguré de recordarlo". Podemos agregar una segunda pregunta: "¿A qué te comprometes ahora?". Siempre buscaremos que el alumno de respuestas de responsabilidad y compromiso en lugar de respuestas de excusas que culpan circunstancias o a otros.

Fomentar la responsabilidad personal en los estudiantes.

Apoyar a los alumnos a tomar su parte responsable.

Cuando un alumno presenta una excusa, motivo o razón, preguntamos: "¿Cuál es tu parte responsable?".

Si el alumno dice, por ejemplo: "No hice el ejercicio porque se me olvidó", preguntamos: "¿Cuál es tu versión responsable?".

La respuesta podría ser: "No me aseguré de recordarlo".

Podemos agregar una segunda pregunta: "¿A qué te comprometes ahora?".

Siempre buscaremos que el alumno dé respuestas de responsabilidad y compromiso (asumir responsabilidad) en lugar de respuestas con excusas que culpen a las circunstancias o a otros.

Competencia 14. Interdependencia

Es la capacidad para interrelacionarse de manera efectiva con los demás. La persona no busca hacerse cargo de los problemas de los demás, ni que se hagan cargo de sus retos y desafíos. Evita el control, la manipulación y toda forma errónea de convivencia.

Por lo anterior sostengo que una persona logra la Inteligencia Emocional en la medida en que se hace responsable (con dominio) de su relación consigo mismo y con los demás. La emocionalidad responsable se ve reflejada en el bien-ser y el bien-estar de las personas en su interacción con otros.

Para lograr el autogobierno y relaciones efectivas con otros, es necesario que la persona trabaje mediante ejercicios y herramientas que faciliten su reflexión, conciencia, creatividad y acción para conducirse al desarrollo de sus competencias.

La interdependencia nace en la autonomía. El alumno necesita conquistar su autonomía para ser interdependiente. Una manera sencilla de apoyarlos a aprender sobre eso es impulsando independencia en los alumnos que muestren dependencia y limitar la codependencia en los alumnos que desarrollan competencias de salvadores. Lo explicaré con más detalle.

El alumno con conductas dependientes es aquel que se muestra infravalorado e incapaz de hacer las cosas. Suele conducirse con ideas como: "Yo no sé hacerlo", "Me da miedo hablar", "Yo no le entiendo". El alumno con lentes de codependencia tendrá la idea de que necesita salvar a los demás. Sus ideas serán: "Yo sí sé y puedo hacerlo por ti", "A mí no me da miedo hablar, deja y les digo lo que tú quieres decir", "Yo sí le entiendo y puedo hacerte la tarea".

Al notar conductas de dependencia vamos a reforzar la iniciativa, el esfuerzo, la creatividad, la autonomía y el cómo sí se puede. Y al notar codependencia vamos a explicarle al alumno que al buscar ayudar al otro puede invalidarlo y seguir cultivando la inseguridad. Además de que el alumno con conductas de dependencia puede crear ese patrón que le impide crecer y desarrollarse. Canalizaremos la necesidad de "ayudar" del alumno con conductas codependientes a transformarlo por una iniciativa de "apoyo". Ayudar es hacer algo en lugar del otro. Apoyar es hacer algo –con el otro–. Entonces cambia a: Puedo apoyarte si lo necesitas, pero lo harás tú porque puedes hacerlo.

Competencia 15. Solidaridad

Capacidad para solidarizarse, dar apoyo y colaborar a favor de las personas, los seres sintientes y el medio ambiente. Estas competencias ponen en contacto a la persona con el bienestar de todos y para todos.

Podemos hacer campañas constantes para que los alumnos se solidaricen con lo que ocurre en la escuela y en la sociedad en la que vive. Algunos ejemplos de actos solidarios son:

- Crear campañas de separación y reciclaje de vidrio, aluminio y papel.
- Hacer compostas y crear huertos orgánicos para apoyar a comunidades vulnerables.
- Participar en las colectas de la Cruz Roja.
- ¿Qué otras acciones solidarias puedes implementar con alumnos de preescolar, primaria y secundaria?

7

Dominios Emocionales

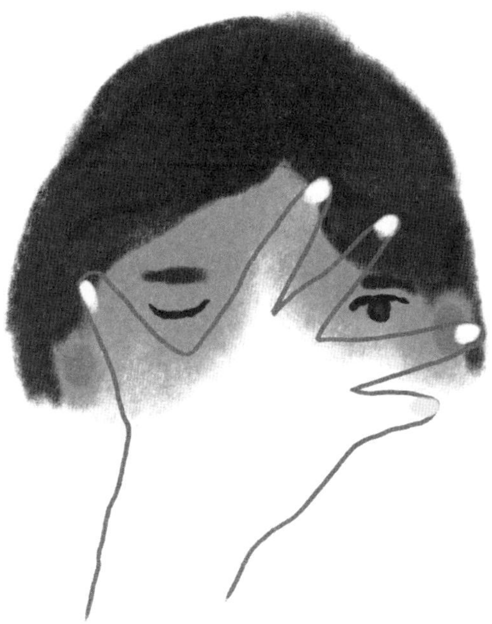

Las 15 competencias dan como resultado cinco grandes Dominios

DOMINIOS SOCIOEMOCIONALES

Las 10 competencias intrapersonales y las 5 competencias interpersonales permitirán que el alumno desarrolle cinco dominios socioemocionales: 1) Distinciones emocionales. 2) Conciencia emocional. 3) Gestión emocional. 4) Autonomía emocional. 5) Conciencia y responsabilidad social.

Dominio 1. Distinciones emocionales

- Los alumnos podrán diferenciar entre emociones, sentimientos y estados de ánimo.
- Conocen las emociones básicas.
- Agrupan los sentimientos.
- Tienen un vasto lenguaje de las emociones.

Dominio 2. Conciencia emocional

- Identifican las emociones que están experimentando.
- Perciben los estados emocionales de las otras personas.

Dominio 3. Gestión emocional

- Están libres de resentimientos del pasado.
- Gestionan el miedo, la ira y la tristeza.
- Tienen la capacidad de generar estados de ánimo positivos como la alegría, el amor y la felicidad.
- Se autorregulan a través de prácticas de atención plena.

Dominio 4. Autonomía emocional

- Tienen un autoconcepto positivo.
- Trabajan en su autocuidado.
- Tienen una imagen adecuada de sí mismos.
- Se expresan con libertad de pensamiento y emoción.
- Toman sus propias decisiones de acuerdo con su edad.
- Se conducen con interdependencia.

Dominio 5. Conciencia y responsabilidad social

- Reconocen a sus compañeros por sus logros.
- Son empáticos tanto con las personas como con los animales.
- Expresan agradecimiento.
- Son solidarios con las causas comunes.

A continuación, detallo cada uno de los dominios para que puedas trabajarlas contigo como docente o en talleres que ofrezcas para padres.

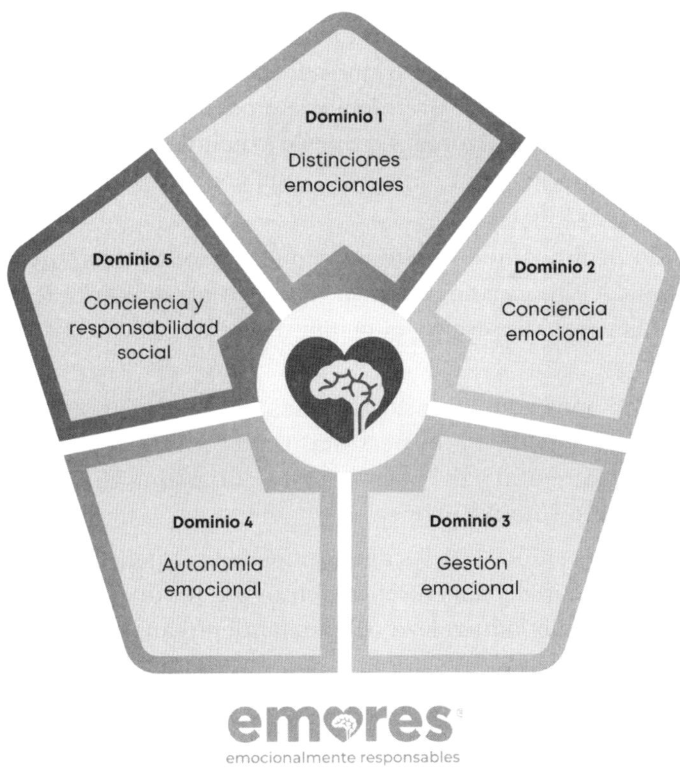

DOMINIOS EMOCIONALES

Figura 17

Dominio 1. Distinciones emocionales

Emociones y fenómenos afectivos

El conocimiento de las expresiones emocionales. (Emociones, sentimientos y estados de ánimo).

Las emociones nos ayudan a comunicarnos efectivamente o a crear conflictos socioemocionales en nuestras relaciones interpersonales. Identificar las emociones nos permite tener mayor conciencia de nosotros mismos.

En ocasiones una sola palabra fractura una relación de pareja. Una sola palabra hace que se cierre un acuerdo de negocios o genera desconfianza en una persona. Podremos olvidar un elogio, pero jamás un insulto, porque hieren nuestra memoria emocional. Para poder identificar nuestro sentir emocional, es necesario conocer las emociones para nombrarlas. No es lo mismo "molesto" que "enojado" o "furioso". Miden diferentes niveles de enfado.

Cuando decimos que amamos ¿A qué nos referimos? ¿Acaso sentimos admiración, cariño, ternura, deseo o atracción? Identificar y nombrar las cosas representa el primer paso del proceso de la gestión emocional.

Las emociones son "manifestaciones del organismo que generan múltiples experiencias en la persona, tanto a nivel neurofisiológico, como comportamental y del pensamiento". Coaching Humanista, Luis Villa, página 126 Unión Europea.

Cuando a las emociones les agregamos pensamientos, ideas, creencias o juicios se convierten en sentimientos y estos pueden ser positivos o negativos según la naturaleza del pensamiento añadido.

Un estado de ánimo es una temperatura emocional que tiene una persona en un determinado momento. No es una emoción, no es un sentimiento, es la suma de todo; incluye la actitud o forma de ver las circunstancias y la vida misma.

Como hemos mencionado, para el científico Charles Darwin, la felicidad, la sorpresa, el miedo, la repugnancia, el enfado y la tristeza son las seis emociones básicas observables en el ser humano y otras especies.

Rafael Bisquerra, Doctor en Pedagogía y uno de los principales divulgadores de habla hispana de la educación emocional en el mundo, en colaboración con el comunicador científico Eduard Punset, hicieron una clasificación interesante, creativa y didáctica de las emociones usando la metáfora de galaxias y constelaciones. Colocando al miedo, la ira y a la tristeza en un triángulo de emociones negativas (constelación oscura) mientras que, a la alegría, al amor y a la felicidad las colocan en otro triángulo de emociones positivas (constelación luminosa) unidas en un prisma central.

Una persona cuando se muestra feliz, pleno o satisfecho puede referirse a sentirse: admirado, agradecido, alegre, aliviado, amoroso, armónico, cariñoso, congratulado, contento, dichoso, emocionado, enamorado, encantado, enternecido, eufórico, fascinado, feliz, genial, gozoso, gustoso, inspirado, motivado, optimista, orgulloso, pleno, realizado, satisfecho, seguro, sereno, tierno o tranquilo.

Una persona cuando se muestra triste, incompleto o insatisfecho puede referirse a sentirse: abrumado, abatido, abandonado, aburrido, agresivo, agobiado, angustiado, alarmado, asustado, asqueado, avergonzado, amargado, apático, aprensivo, celoso, cruel, consternado, culpable, desesperado, desalentado, desolado, desconcertado, desamparado, desanimado, desilusionado, desesperanzado, desmoralizado, disgustado, enfurecido, enojado, fastidiado, frustrado, horrorizado, humillado, impaciente, impotente, indignado, incómodo, inútil, irritado, miedoso, molesto, preocupado, rechazado, repulsivo, rencoroso, traicionado, triste o sobresaltado.

TRIÁNGULOS DE LAS EMOCIONES BÁSICAS DE BISQUERRA

Constelación Luminosa

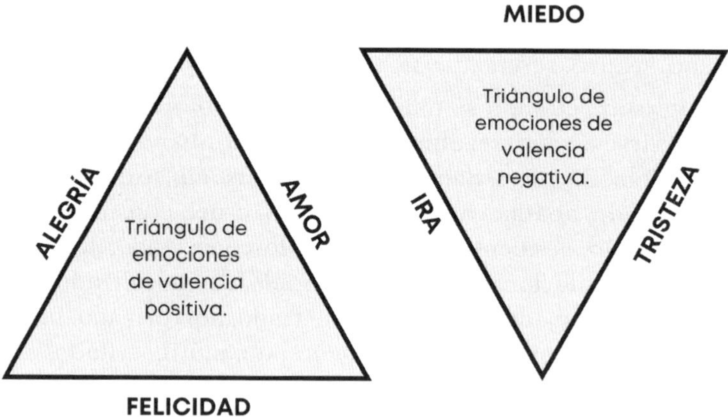

Constelación Oscura

Figura 18

Dominio 2. Conciencia emocional

Saber qué le pasa y qué les pasa a los demás. Saber nombrar lo que se siente y poder describirlo.

La conciencia emocional es la capacidad para percibir con exactitud los fenómenos emocionales, ya sean emociones, sentimientos o estados de ánimo. También incluye la capacidad de percibir y comprender los fenómenos emocionales que les suceden a las personas con las que interactuamos en el diario vivir, en cualquier área. La capacidad de percibir y comprender implica la habilidad de darnos cuenta de ello, así como una disposición de sintonía y empatía.

Dominio 3. Gestión emocional

Capacidad para poder salir de las emociones negativas y crear emociones positivas.

La gestión emocional implica la capacidad para catalizar las emociones negativas personales y la generación de emociones positivas. Esta competencia abarca también la gestión de las emociones externas venidas de otras personas y para lograrlo podemos aplicar un modelo para desarticularlas y reconstruirlas.

Para gestionar las emociones externas es necesario percibir, comprobar, comprender, desarticular y reconstruir sus estados de ánimo y edificar una actitud positiva para el diseño de acciones, la planificación y la acción:

a) **Percibir**. Estar en apertura para darnos cuenta de las emociones que manifiestan las personas con las que nos relacionamos. Estas manifestaciones se dan en el tono de voz, en microexpresiones faciales, en movimientos de las manos, en el brillo de los ojos, en la temperatura corporal y otras formas de expresión intensas y sutiles. No todas las personas logran "percibir" y esto se puede deber a una falta de disposición y apertura o bien a falta de distinciones. En la medida en que estamos abiertos, dispuestos y presentes se incrementará la percepción. Percibir implica responsabilidad y compromiso a la acción, esta es otra de las razones por las que algunas personas evitan percibir.

b) **Asimilar**. La percepción se suma a la intuición. La intuición es una inteligencia que viene de la sabiduría personal. Esto nos ayuda en cierta manera, pero puede perjudicarnos en otras. Si percibimos que una persona está molesta, esta percepción puede ayudarnos a evitarla y evitar un conflicto. Pero esta percepción podría ser incompleta, por eso después de la percepción es necesaria la indagación para comprender y regular. ¿Qué te sucede? ¿Cómo te sientes? ¿Qué emoción específica estás vivenciando?

c) **Comprender**. De la percepción pasamos a la indagación para poder asimilar y regular. Comprender es asimilar. Y para asimilar es necesaria la empatía. Comprender es aceptar las razones de la otra persona a asimilar (sentir y comprender) (emocional y cognitiva).

d) **Desarticular**. Después de comprender es importante conocer lo que la otra persona demanda, debajo de su emoción, sentimiento o estado emocional. ¿Qué es lo que en verdad te preocupa, inquieta, deseas o demandas? Esta acción de desarticular requiere profundizar para poder ayudar a generar nuevas emociones, sentimientos y estados de ánimo.

e) **Crear**. Es apoyarse y apoyar a la otra persona a crear o reconstruir una emoción o estado de ánimo apropiados. Pasar de la frustración a la realización, del resentimiento a la paz, del enojo a la alegría, de un lado oscuro a un lado luz, según sea.

Dominio 4. Autonomía emocional

Es la capacidad para desarrollar un autoconcepto positivo, autoestima, autoconfianza, seguridad, autonomía, autodeterminación y una mirada apreciativa ante las circunstancias de la vida.

Carl Rogers destaca la autoactualización y el concepto de sí mismo como aspectos centrales para el desarrollo de una persona autónoma, capaz de regular sus emociones y vivir de manera congruente con sus valores y deseos profundos. En sus reflexiones sobre la existencia individual, habla de la responsabilidad personal que cada ser humano tiene de definir su propio camino, lo que implica la capacidad de tomar decisiones basadas en la **autodeterminación** y el compromiso con uno mismo, pese a la angustia inherente a la libertad (Rogers, 1961).

Dominio 5. Responsabilidad social

Capacidad de solidarizarse, colaborar y contribuir socialmente en las causas comunes. Fraternizar e impulsar acciones a favor del bienestar de las personas, los seres sintientes y el medio ambiente.

Immanuel Kant propone que el ser humano debe actuar de acuerdo con principios morales universales que beneficien al conjunto de la humanidad, promoviendo acciones que favorezcan el bien común. Este dominio promueve la **colaboración activa** y **la contribución hacia el bienestar común**, ya sea a través de acciones individuales o colectivas, enfocadas no solo en los seres humanos, sino también en los seres sintientes y el medio ambiente (Kant, 1785).

Declaración de autoestima

1. Me elijo, me acepto, me amo y me respeto.
2. Tengo autonomía, creatividad e inteligencia.
3. Actúo con justicia y solidaridad con todos.
4. Soy libre y responsable de lo que pienso, siento, digo y hago.
5. Diseño y edifico responsablemente mi propia vida.
6. Tengo una red de apoyo para gestionar los momentos difíciles.
7. Mi vida y existencia tienen sentido y propósito.

Declaración de respeto

1. Te elijo alumno, te acepto, te trato con amor y respeto.
2. Acepto todo lo que eres y no eres como estudiante, sin pretender cambiarte.
3. Respeto y cuido tu integridad y dignidad.
4. Valoro tus maneras y tiempos para aprender.
5. Admiro e impulso tu creatividad.
6. Reconozco y te felicito por tus logros sin compararlos.
7. Te apoyo brindándote herramientas para gestionar tus emociones.

Estas son nuestras principales necesidades psicoafectivas:

Amor, seguridad, pertenencia, respeto, reconocimiento, aceptación y libertad.

Epílogo

Estimados docentes:

La tarea de convertirnos en Facilitadores del Aprendizaje implica apoyar a nuestros alumnos a aprender en lugar de enseñarlos. También nos invita a apoyar a nuestros alumnos a autoconocerse, a fortalecer su autoestima, a crecer en autonomía de pensamiento e interdependencia. A ser cada día personas más autogestionadas. Amerita apoyarlos a trazar un camino de desarrollo constante en la escalera de la autorrealización y la autotrascendencia. Esta tarea no la podemos hacer solos, por lo que los invito a diseñar talleres para formar a los padres en la educación continua de la Inteligencia Emocional. Pero sobre todo recuerda esto: La Inteligencia Emocional no puede quedarse a nivel de materia, ni solo en el aula. Necesitamos incorporarla en todo el sistema educativo en el que deberán estar comprometidos los padres de familia. Se trata de ser emocionalmente responsables en la vida cotidiana y profesional.

Gracias.

Agradecimientos

Gracias a todos mis maestros, porque me facilitaron el aprendizaje y dejaron huellas positivas. Gracias a mis padres que me dieron lo mejor que podían, sobre todo me inculcaron valores que hoy atesoro. Gracias a mi pareja y familia que son importantes avivadores de sueños.

Gracias a todos mis colegas pedagogos y psicólogos de quienes he aprendido el arte de ser un maestro y facilitador del aprendizaje. Gracias a mis alumnos que son los principales impulsores de esta obra.

Gracias a Patricia Martínez y Alicia Cornejo quienes me apoyaron en la revisión ortográfica. Gracias a Paco Aller quien hizo la revisión de estilo y con quien discutí las ideas que escribí. Gracias a Manuel Álvarez González que fue mi mentor durante el Posgrado en Educación Emocional. Gracias a Karla Yunnuen por el diseño de gráficos y a Lucía Sarabia por las ilustraciones para este libro. Gracias a Rafael Bisquerra de quien he recibido apoyo, aprendizaje, y el honor de que escriba el prólogo de este libro como un reconocimiento a su importante trayectoria en la generación de conocimiento académico y divulgación de la Educación Emocional en el mundo de habla hispana. Gracias a todas las maestras y maestros que en algún momento leerán esta obra, felicidades por haber elegido la noble profesión de la docencia. Gracias a Olga Cañizares y Olga Castanyer por sus mensajes para la contraportada. Gracias a las personas que lleguen a este libro buscando información para contribuir en la educación emocional de los niños, adolescentes y jóvenes. Gracias a todas y todos.

Bibliografía

Álvarez González, M., y Bisquerra, R. (2012). *Orientación educativa. Modelos, áreas, estrategias y recursos*. Madrid: Wolters Kluwer Educación.

Ballesteros, I. (2018). *Mi cerebro emocional*. Desclée De Brouwer.

Bar-On, R. (2006). *The Bar-On model of emotional-social intelligence (ESI)*. Psicothema, 18(supl.).

Bisquerra, R. (2000). *Educación emocional y bienestar*. Barcelona: Praxis.

Bisquerra, R. (2009). *Psicopedagogía de las emociones*. (1ª ed.). Madrid: Síntesis.

Bisquerra, R., Bisquerra, A., Cabero, M., Filella, G., García Navarro, E., López Cassá, E., Moreno Romero, C., y Oriol, X. (2011). *Educación Emocional*. Bilbao: Desclée De Brouwer.

Bisquerra, R., Pérez Escoda, N., Cuadrado, M., López Cassá, É., Filella, G., y Obiols, M. (2016). *Actividades para el desarrollo de la inteligencia emocional en los niños*. (4ª ed.). España: Parramón.

Bisquerra, R. (2016). *10 Ideas Clave. Educación Emocional*. (1ª ed.). Barcelona: Graó.

Carver, C. S., y Scheier, M. F. (2014). *Teorías de la personalidad* (7ª ed.). México: Pearson.

Cuadrado M., y Pascual V. (2009). *Educación Emocional. Programa de actividades para Educación Secundaria Obligatoria*. Madrid: Wolters Kluwer.

Deci, E. L., y Ryan, R. M. (1985). *Intrinsic Motivation and Self-Determination in Human Behavior.* Nueva York: Plenum.

Erikson, E. H. (1950). *Childhood and Society.* Nueva York: Norton.

Erikson, E. (2018). *El desarrollo psicosocial.* (2ª ed.). España: Editorial Salvat.

Freire, Paulo (2010). *Cartas a quien pretende enseñar* (2° ed.). México: Siglo XXI editores, S. A. de C. V.

Gallwey, W. T. (2015). *El juego interior del tenis* (6ª ed.). Editorial Sirio.

Gardner, H. (2018). *Inteligencias Múltiples.* (1ª ed.). Barcelona: Paidós.

Goleman, D. (1995). *Emotional Intelligence.* Nueva York: Bantam Books.

Goleman, D. (2011). *El cerebro y la inteligencia emocional: nuevos descubrimientos.* (1ª ed.). Barcelona: Ediciones B.

Goleman, D. (2015). *La inteligencia emocional. Por qué es más importante que el cociente intelectual.* (1ª ed.). Barcelona: Ediciones B.

Goleman, D., y Senge, P. M. (2015). *Triple Focus.* (1ª ed.). Barcelona: Ediciones B.

Kierkegaard, S. (1980). *The Concept of Anxiety (Reidar Thomte,* Ed. & Trans.). Princeton University Press.

López Ortega, M. de los A. (2015). *Ciencia y Conciencia del Comportamiento Psicología I.* (1ª ed.). México: Reims.

López Ortega, M. de los A. (2016). *Ciencia y Conciencia del Comportamiento Psicología II.* (1ª ed.). México: Reims.

Maslow, A. H. (2012). *El hombre autorrealizado.* (19ª ed.). Barcelona: Kairós.

Montessori, M. (2004). *La mente absorbente del niño* (2ª ed.). Editorial Diana.

Núñez Pereira, C., y Valcárcel, R. (2017). *Emocionario. Dime lo que sientes.* (1ª ed.). Buenos Aires: Vreditoras.

Organización Mundial de la Salud. (2018). *Adolescentes y salud mental.*

Pujol i Pons, E., y Bisquerra, R. (2015). *El gran libro de las emociones.* (4ª ed.). España: Parramón.

Punset, E., Bisquerra, R., y Gea, P. (2016). *Universo de Emociones.* (2ª ed.). Valencia: Palaugea.

Robinson, K., y Aronica, L. (2016). *Escuelas Creativas.* (1ª ed.). España: Grijalbo.

Rogers, C. (2016). *El proceso de convertirse en persona.* (12ª ed.) México: Paidós.

Rosenberg, M. B. (2013). *Comunicación no violenta.* (8ª ed.). Buenos Aires: Gran Aldea Editores.

Shapiro, L. (2015). *La inteligencia emocional de los niños.* (1ª ed.). Barcelona: Ediciones B.

Whitmore, J. (2011). *Coaching: El método para mejorar el rendimiento de las personas.* Paidós Empresas.

Títulos recomendados

Colección: Aprender a ser
ISBN: 978-84-330-3288-1
Páginas: 272
Encuadernación: Rústica
Formato : 15 x 21 cm
Edición: 1ª

Tomeu Barceló

Educar al lado

Hacia una educación experiencial centrada en la persona

Podemos aprender, desde un enfoque centrado en lo personal y experiencial, nuevos espacios para enfocar los procesos educativos y la función del docente. Lo importante de la educación y de la función del docente no es instruir, sino promover el aprendizaje. Concebir condiciones de posibilidad para hacerlo factible es el objetivo último de este libro. La educación está en constante evolución, porque vivimos en un mundo cambiante que se transforma de manera acelerada. Así la educación siempre está en entredicho, cuestionada, criticada, puesta en duda.

Barceló propone un modelo educativo centrado en que las potencialidades internas de cada alumno puedan ser desplegadas y desarrolladas si se dan las condiciones óptimas que faciliten que el estudiante pueda crecer, aprender y evolucionar constructivamente. Un modelo que requiere un cambio de mirada, donde el foco de atención está en las personas y en sus interacciones, para que seamos acompañantes de nuestros alumnos en su propio trayecto, en el desarrollo integral de su personalidad. Todo junto es facilitar el aprendizaje para la vida. Para ello, necesitamos aprender cómo educar al lado.

Colección: Aprender a ser
ISBN: 978-84-330-3256-0
Páginas: 214
Encuadernación: Rústica
Formato : 15 x 21 cm
Edición: 1ª

María Rosa Espot y Jaime Nubiola

¿Qué hacemos con la educación?

Desafíos del profesorado para una educación transformadora

El objetivo de este libro es mostrar la grandeza de la profesión docente enraizada en la capacidad transformadora de la educación. Este volumen aspira a ayudar a descubrir la gran influencia transformadora que los educadores pueden tener en los educandos y, en consecuencia, en sus familias, en la sociedad de hoy, y en el mundo de mañana.

Se trata de una transformación que procura el crecimiento humano de las personas (educandos y educadores), que requiere del profesorado la capacidad de hacer frente a grandes desafíos: la competencia profesional, el empoderamiento del profesor en la organización o estructura educativa, el compromiso y la implicación docentes, la buena y efectiva gestión de los recursos materiales. Requiere también conocer a fondo cómo son los jóvenes de hoy y repensar qué cambios necesita la escuela actual para que la educación que ofrece sea realmente transformadora. En la última parte del libro los autores ofrecen algunas claves de la historia de la educación: conocer el pasado permite comprender mejor el presente y así intentar construir un futuro mejor.

Colección: Aprender a ser
ISBN: 978-84-330-3267-5
Páginas: 160
Encuadernación: Rústica
Formato : 15 x 21 cm
Edición: 1ª

Laura Gutiérrez García

Retos docentes: la lectura trimestral

Una propuesta educativa a través de proyectos innovadores

Cada año, los adolescentes se enfrentan a la lectura de obras literarias, tanto clásicas como juveniles, propuestas por sus profesores de Lengua Castellana y Literatura con el objetivo de fomentar el gusto por la lectura. Aunque a simple vista pueda parecer una tarea sencilla, en realidad suele convertirse en un verdadero desafío debido a la distancia que a menudo existe entre los estudiantes y los libros: algunos títulos no logran despertar su interés y, en muchos casos, optan por acudir directamente a resúmenes que sustituyen al texto original.

A esta dificultad se suma la enorme cantidad de estímulos externos que reciben fuera del aula: las redes sociales, las plataformas digitales y la amplia oferta de ocio que compite constantemente por su atención. Todo ello complica aún más el acercamiento a la lectura.

¿Cómo revertir ese desinterés y lograr que los jóvenes se acerquen a los libros con entusiasmo? En este manual presentamos propuestas concretas diseñadas para trabajarse en el aula. Se trata de dinámicas innovadoras y motivadoras que convierten al alumnado en protagonista de su propio proceso lector, atrapándolos mediante retos y actividades que despiertan su curiosidad. Todas las experiencias aquí recogidas son ejemplos reales, cuyos resultados puedes explorar en @lasdelengua

Colección: Aprender a ser
ISBN: 978-84-330-3260-1
Páginas: 280
Encuadernación: Rústica
Formato : 15 x 21 cm
Edición: 1ª

Julio Gallego

Trastornos del aprendizaje

Estrategias y técnicas de intervención educativa

Presentamos un libro sobre educación que aborda los trastornos psicopedagógicos más importantes que afectan a la misma. Está especialmente indicado para los especialistas en psicopedagogía de los gabinetes y colegios y para todo el profesorado de primaria y secundaria, que tienen que tratar a los alumnos con problemas de aprendizaje. Cada trastorno –hiperactividad, inatención, dislexia, discalculia, trastorno de conducta, estado de ansiedad...– viene precedido de una explicación teórica del mismo y se señalan los principales instrumentos y/o test de evaluación que hay en el mercado para su diagnóstico. También se ofrecen actividades y técnicas para su tratamiento y mejora.

En definitiva, este libro puede resultar muy útil para los profesionales que traten estos trastornos de aprendizaje, en la medida en que tienen recogidos en un mismo texto los trastornos más importantes, su fundamentación teórica, los instrumentos para el diagnóstico y algunas opciones para la reeducación.

Aprender a ser

Director de la colección: Cruz Pérez

Últimos títulos publicados

La educación de calle. Trabajo socioeducativo en medio abierto, por Jesús D. Fernández Solís y Andrés G. Castillo

El valor pedagógico del humor en la educación social, por Jesús D. Fernández y Juan García

Programa Taldeka para la convivencia escolar, por Luis de la Herrán

La decisión correcta. El aprendizaje de valores morales en la toma de decisiones, por Marta López-Jurado Pig

Enseñar a los hijos a convivir. Guía práctica para dinamizar escuelas de padres y abuelos, por Manuel Segura y Juani Mesa

Ser madre, saberse madre, sentirse madre, por Pepa Horno

Educación para el siglo XXI, por Marta López-Jurado (Coord.)

Educación emocional. Propuestas para educadores y familias, por R. Bisquerra (Coord.)

La acción educativa social: nuevos planteamientos, por Cruz Pérez (Editor)

Conjugar el verbo leer, por Seve Calleja

La responsabilidad por un mundo sostenible, por Pilar Aznar (Coord.) y Mª Ángeles Ull

Veintitrés maestros, de corazón. Un salto cuántico en la enseñanza, por Carlos González Pérez

Practicando la escritura terapéutica. 79 ejercicios, por Reyes Adorna

Prevención del acoso escolar con educación emocional. Con la obra de teatro *Postdata*, por Rafael Bisquerra (Coord.)

Familia y Escuela - Escuela y Familia. Guía para que padres y docentes nos entendamos, por Óscar González

Cinco llaves para educar en el siglo XXI. Aprendizaje, corazón, talento, diálogo y solidaridad, por Jerónimo García - César García-Rincón

Las dificultades de la educación. Orientaciones educativas para el ámbito familiar, por Ana Balanzá

Cómo amanso a mis fieras. Estrategias para mejorar la convivencia en clase utilizando la música, por Almudena Ocaña

La empatía es posible. Educación emocional para una sociedad empática, por Anna Carpena

El diario de la convivencia en clase. Más de 300 actividades para desarrollar la inteligencia interpersonal e intrapersonal, por Juan Lucas Onieva

Educación en valores para la ciudadanía. Estrategias y técnicas de aprendizaje, por Cruz Pérez

El maestro atento. Gestión consciente del aula, por Luis López

Programa R E T O, Respeto, Empatía y Tolerancia. Actividades de educación emocional para niños de tres a doce años, por Eva Solaz

Educar en las redes sociales. Programa preventivo PRIRES, por José María Avilés

Una mirada femenina de la educación moral, por María Rosa Buxarrais e Isabel Vilafranca (Coords.)

¡Juguemos a sentir! Una innovadora pedagogía a través de juegos didácticos de sensaciones, para desarrollar y armonizar las dos áreas del cerebro del niño: la que piensa y la que siente, por Carles Bayod Serafini

Escuelas que meditan. Cómo programar mindfulness en los centros educativos, por Luis López Gonzalez

La enseñanza basada en el apego. Crear un aula tribal, por Louis Cozolino

Alma de profesor, por María Rosa Espot y Jaime Nubiola

Mi diario de las emociones en clase, por Juan Lucas Onieva

Mi receta contra el acoso escolar, por Raúl Rodrigo Rubio

Encuentros con tu propia sabiduría. Semillas de sabiduría para nacer a ti mismo (su fruto es diferente para cada persona), por Carlos González Pérez

Mastermind. Técnicas para revolucionar el estudio y el aprendizaje, por Federica Trombetta

La edad invisible. Crianza consciente en la primera infancia, por Joaquín Ortega

Niños felices, alumnos capaces. Ideas de enriquecimiento para alumnos con Altas Capacidades Intelectuales, por Inmaculada Espinosa Quintana

Emociones, todo un reto. Actividades de educación emocional basadas en el respeto, la empatía y la tolerancia para niños de doce a dieciséis años, por Eva Solaz Solaz

El Rincón de la Calma. Programa para la mejora de la Inteligencia Emocional y la Convivencia en Educación Primaria, por Juani Mesa Expósito

Cómo crear un clima de aula positivo. Actividades y técnicas de intervención, por Cruz Pérez Pérez, Carolina Asensi Cros

Manual práctico de mindfulness para el ámbito escolar, por Lorenzo Sánchez Ramos

Sembrando emociones. Programa RETO 0-3 años, por Eva Solaz

Los deberes escolares en el punto de mira, por Bibiana Regueiro, Antonio Valle, Patricia A. Ruido

Educación emocional en la infancia. Cero a diez años, por José Antonio Sande

¿Qué hacemos con la educación? Desafíos del profesorado para una educación transformadora, por María Rosa Espot y Jaime Nubiola

Trastornos del aprendizaje. Estrategias y técnicas de intervención educativa, por Julio Gallego

Educar al lado. Hacia una educación experiencial centrada en la persona, por Tomeu Barceló

Retos docentes: la lectura trimestral. Una propuesta educativa Una propuesta educativa a través de proyectos innovadores, por Laura Gutiérrez García

Escuelas emocionalmente responsables. Una guía para desarrollar planes de intervención en educación y gestión emocional, por Luis Villa de León